浊酒一杯天过午

金实秋 著

中国书籍出版社
China Book Press

图书在版编目（CIP）数据

浊酒一杯天过午 / 金实秋著 . -- 北京：中国书籍出版社，2020.4
　　ISBN 978-7-5068-7754-1

Ⅰ.①浊… Ⅱ.①金… Ⅲ.①汪曾祺（1920-1997）—生平事迹 Ⅳ.① K825.6

中国版本图书馆 CIP 数据核字 (2019) 第 291616 号

浊酒一杯天过午

金实秋　著

图书策划	成晓春　崔付建
责任编辑	张　娟　成晓春
责任印制	孙马飞　马　芝
出版发行	中国书籍出版社
地　　址	北京市丰台区三路居路 97 号（邮编：100073）
电　　话	（010）52257143（总编室）　（010）52257140（发行部）
电子邮箱	eo@chinabp.com.cn
经　　销	全国新华书店
印　　刷	三河市华东印刷有限公司
开　　本	650 毫米 ×940 毫米　1/16
字　　数	225 千字
印　　张	15.25
版　　次	2021 年 1 月第 1 版　2021 年 1 月第 1 次印刷
书　　号	ISBN 978-7-5068-7754-1
定　　价	52.00 元

版权所有　翻印必究

代序:"但得酒中趣,饮者留其名"的文狐

老友金实秋嘱我为他的新著写一个序,我欣然允诺,一是因为汪曾祺是我喜欢的一个有趣味的作家,二是因为此书专写汪曾祺的饮酒,我权当引吭高歌"饮酒诗"了。

在中国20世纪的作家当中,活得最洒脱的恐怕就要数汪曾祺了,无论人生荣华与坎坷,他都是为自己人生的乐趣而活着。他并非魏晋文人与酒的关系,出世则是为了入世,汪曾祺的酒皆与出世入世无关,酒是他的温柔之乡,汪曾祺是注定要活在酒乡里的,他是无酒不成书的作家。亦如他说老人有三乐:"一曰喝酒,二曰穿破衣裳,三曰无事可做。"宁可数日无饭,不可一日无酒,当然下酒菜是要有的,所以为饮酒而做得一手好菜,这也许就是所谓酒仙的日子。

书中收集了许多汪曾祺饮酒的趣闻逸事,从中足可见出一个文人的心性,所谓酒品见人品,便是哲言。

家人说:"有一次只剩老头一人在家,半夜回家一看,老头在卫生间里睡着了,满屋酒味。"古谚道"一人不喝酒",喝酒就是需要找一个倾诉对象进行宣泄的,所以,一般都是寻找与自己最密切的朋友喝酒,"酒逢知己千杯少,话不投机半句多"。而独饮者却只有三种人:一是酒精依赖者,二是孤傲者,三是前二者兼而有之者。汪曾祺是哪一种类型的饮酒者呢?读者诸君从此书中自己寻觅答案吧。不过从其子汪朝在《我们的爸》中所言,即可看出汪曾祺在酒精作用下倾诉出来的来自血液中的孤傲:"叶兆言的一篇文章里谈到,汪曾祺有一次跟高晓声说,当今短篇小说作者里,只有你我二人了。我觉得这话还真像爸说的,尤其在酒后。爸是个很狂的人,自视甚高。不知其他作家是不是也这样。他的文章里常引用一句古人的话:我与我周旋久,宁作我。他在外面还掖着点,在家里喝了酒有时大放厥词,说中国作家他佩服的只有鲁迅、沈从文、孙犁,意思是说,后面就是他自己了。"呵呵,这个温柔心性的老爷子,酒后吐真言了,让那些只从字里行间去分析汪曾祺的书呆子们大跌眼镜。文人相轻,乃文人本性,只有在酒后才与外人言:"2004年3月的一天,黄昏雨后,在永嘉一个码头边,酒后耳热,林斤澜说汪曾祺看不起王蒙,看不起王蒙的文章,也看不起王蒙的做官。……趁着这个话题,我忽然问:'我看你也不会在汪曾祺的眼里。'林斤澜哈哈笑道:'当然,他酒喝多了还会说自己胜过老师沈从文了。'"(程绍国《林斤澜说》,人民文学出版社2006年版)由此可见,文人酒里酒外的话孰真孰假,不言自明。

何以解愁，唯有杜康；何以快乐，只须刘伶。汪曾祺不是那种"醉里从为客，诗成觉有神"的灵动创作者，亦非"斗酒诗百篇"的浪漫主义作家，也不是那种"眼看人尽醉，何忍独为醒"的"同情与怜悯"式的侠客，更不是那种"斗十千"后为"长风破浪""济沧海"的理想主义者，他真的是那种"但得酒中趣，勿为醒者传"的趣味文人，"花间一壶酒，独酌无相亲"才是他饮酒的人生态度，也许这才是一个文人酒徒的最高境界。有人称他为酒仙，无可无不可，但这个仙不是指酒量，而是指那种喝酒的境界。叶兆言曾经和我谈起过汪曾祺的酒量不过尔尔，但是他每天要饮最相思的此物。

做一个有趣的饮者，也许是汪曾祺喝酒的一种境界，这往往在他的文学作品中露出了蛛丝马迹。小说《故乡人·钓鱼的医生》写道："他搬了一把小竹椅，坐着。随身带着一个白泥小炭炉子，一口小锅，提盒里葱姜作料俱全，还有一瓶酒。……钓上来一条，刮刮鳞洗净了，就手就放到锅里。不大一会，鱼就熟了。他就一边吃鱼，一边喝酒，一边甩钩再钓。"说实话，这种饮者在中国的现实生活中少见，即便是在文学作品描写中也是绝无仅有的，从中，我们可以见出先生对饮酒独特性的激赏，以及他对文学作品趣味性描写的美学追求。

然而，孤傲的饮者也是有酒中豪气的。在小说《岁寒三友》中，靳彝甫请陶虎臣、王瘦吾在如意楼上喝过两次酒。一次是他斗蟋蟀赢了四十块钱，一次是为救两位朋友度年关卖了被他视为性命的祖传的三块田黄。小说的结尾是这样的：

第三天,靳彝甫约王瘦吾、陶虎臣到如意楼喝酒。他从内衣口袋里掏出两封洋钱,外面裹着红纸。一看就知道,一封是一百。他在两位老友面前,各放了一封。

……

靳彝甫端起酒杯说:"咱们今天醉一次。"

那两个同意。

"好,醉一次!"

这天是腊月三十。这样的时候,是不会有人上酒馆喝酒的。如意楼空荡荡的,就只有这三个人。

外面,正下着大雪。

正如金实秋先生所言:"那腊月三十如意楼上的酒香在汪老心头萦绕了四十多年,终于酿就了《岁寒三友》这篇小说,让读者分享了那'醉一次'醇厚而悠长的馨香。"

孤傲饮者是否也有借酒消愁的时刻呢?就读西南联大时,汪曾祺就是一个出了名的酒徒了,醉卧昆明街头已经成为广为流传的逸事:"有一次我喝得烂醉,坐在路边,他(指沈从文)以为是一个生病的难民,一看,是我!他和几个同学把我架到宿舍里,灌了好些酽茶,我才清醒过来。"(《自报家门》,见《汪曾祺全集》第四卷)也许有人会诟病这种行径:国难当头,匹夫有责。作为一个知识分子应该担当起抗敌宣传的大任,岂能贪念杯中之物?但是,作为对抗日战争的一种无奈和失望,对国家前途的担忧却无能为力,迫使他们端起了酒杯,这也是杯中之意。所以金实秋先生同时也从《梅贻琦日记（1941—1946）》中寻找到了许多文人饮者的行迹，以此来证明当时知识分子的心态之一斑：

> 1941年7月18日中午，清华同学公宴，"饮大曲十余杯"，仅"微醉矣"；当月25日晚，赴饭约，"酒颇好，为主人（邓敬康、王孟甫）及朱（佩弦）、李（幼椿）、宋等强饮约二十杯"，仍只"微有醉意"。1945年10月2日所记，他还很能喝"混酒"："饮酒三种，虽稍多尚未醉。"长期出入酒场，难免也有辞酒误事或失礼的。梅先生也不例外：1941年5月23日晚，清华校友十六七人聚会，"食时因腹中已饿，未得进食即为主人轮流劝酒，连饮二十杯，而酒质似非甚佳，渐觉晕醉矣"。以至耽误了筹款的公事，"颇为愧悔"。同年12月6日又记，赴得云台宴请，因先前"在省党部饮升酒五六大杯，席未竟颓然醉矣，惭愧之至"。大醉之后，梅先生也曾发誓戒酒；1945年10月14日，晚上在昆明东月楼食烧鸭，所饮"罗丝钉"酒甚烈，"连饮过猛，约五六杯后竟醉矣，为人送归家"，遂在日记中表示"以后应力戒，少饮"。而两天后（17日），他又故态萌发，在日记中惋叹："（晚）约（杨）今甫来餐叙，惜到颇迟，未得多饮，酒则甚好。"
> （载2016年4月11日《藏书报》）

那闻一多先生亦善饮，早在20世纪30年代于"国立"青岛大学（后改为山东大学）时即有酒名，时和杨振声、梁实秋等人被戏称为"酒中八仙"。浦江清先生亦是大饮者。今人钱定平曾于《浦江清日记》中发现，浦江清所记之"大宴小酌"竟有七十次之多。（钱定平《浦江清日记之境界》）而一位名叫燕卜荪的英籍教授亦是酒徒，极端不修边幅而十分好酒贪杯。有一次酒后上床睡觉时，竟然把眼镜放在皮鞋里了。第二天，一脚便踩碎了一片，只好带着坏了的"半壁江山"去上课。（赵毅衡《燕卜荪：西南联大的传奇教授》）所有这些饮者的行状，皆为抗战时期的一部知识分子的心灵史。汪曾祺当然也是这一饮者队伍中的一名更有故事的人了。所以金实秋把汪曾祺饮酒的文章与其他人的回忆收集在一起请诸君分享：

"我有一天在积雨少住的早晨和德熙从联大新校舍到莲花池去……莲花池边有一条小街，有一个小酒店，我们走进去，要了一碟猪头肉，半市斤酒（装在上了绿釉的土瓷杯里），坐了下来。雨下大了。……我们走不了，就这样一直坐到午后。四十年后，我还忘不了那天的情味，写了一首诗：莲花池外少行人，野店苔痕一寸深。浊酒一杯天过午，木香花湿雨沉沉。"（《昆明的雨》，载《汪曾祺全集》第三卷）

这是诗人情怀的汪曾祺。

"曾祺有过一次失恋，睡在房里两天两夜不起床。房东王老伯吓坏了，以为曾祺失恋想不开了。正发愁时，德熙来了……德熙卖了自己的一本物理书，换了钱，把曾祺请到一家小饭馆吃饭，还给曾祺要了酒。曾祺喝了酒，浇了愁，没事了。"（何孔敬《长相思：朱德熙其人》，中华书局 2007 年版）

这是浪漫风情的汪曾祺。

"我在西南联大时，时常断顿，有时日高不起，拥被坠卧。

朱德熙看我到快十一点钟还不露面,便知道我午饭还没有着落,于是挟了一本英文字典,走进来,推推我:'起来起来,去吃饭!'到了文明街,出脱了字典,两个人便可以吃一顿破酥包子或两碗焖鸡米线,还可以喝二两酒。"(《读廉价书》,见《汪曾祺全集》第四卷)

这是颓废意绪的汪曾祺。

在昆明时,汪曾祺还在朱德熙家喝了一顿"马拉松"式的酒。朱德熙的夫人何孔敬回忆说:"一年,汪曾祺夫妇到我们家过春节,什么菜也没有,只有一只用面粉换来的鸡。曾祺说:'有鸡就行了,还要什么菜!'我临时现凑,炒了一盘黄豆,熬了一大碗白菜粉丝。我们很快就吃完了,德熙和曾祺还在聊天,喝酒、抽烟,弄得一屋子烟雾缭绕。他们这顿饭从中午吃到下午,真是马拉松。"(何孔敬《长相思:朱德熙其人》)

这是落魄文人的汪曾祺。

何兆武与汪曾祺曾住在一个宿舍里,彼此很熟,他说:"我宿舍有位同学,头发留得很长,穿一件破布长衫,扣子只扣两个,布鞋不提后跟,讲笑话,抽烟,一副疏狂作派,这人是汪曾祺。"(刘文嘉《何兆武:如一根思想的芦苇》(海外版))

这是放浪不羁的汪曾祺。

一个一生以酒为伴的饮者,他的种种外在行状都是从酒中呈现,而他的种种内心世界的思想也是在酒后的谈吐中暴露。他应该知道其中的弊是大于利的道理的,但是你若让他断了这份念想,真是致命的。

断酒如断魂。

邓友梅说："从八十年代起，家人对他喝酒有了限制。他早上出门买菜就带个杯子，买完才到酒店打二两酒，站在一边喝完再回家。""三年前（编者注：即1994年左右）他小病进了医院。我去看他时，他说大夫讲他现在的病没什么，要紧的倒是要马上戒酒停烟，不然后果甚忧，他打算执行。隔了半年多在一个会上再见面把我吓了一跳。只见他脸黑肤暗，反应迟钝，舌头不灵，两眼发呆，整个人有点傻了！吃饭时有人给他倒了杯啤酒。他说：'就一杯，我不敢多喝。'他三口两口把那杯酒喝了下去，马上眼珠活了，说话流利了，反应也灵敏起来。我回家后就给斤澜打电话，我说：'老头不喝酒有点傻了，你最好跟他家里人说说，是否叫他少量喝一点，要不老头就要傻了。'"（邓友梅《再说汪曾祺》）

关于汪曾祺是否因喝酒而去世，我以为这并不重要，重要的是人们能否知晓一个作家与酒的血脉关系，陆文夫先生说出了一句振聋发聩的话："文学岂能无酒？""饮者留其名也有一点不那么好听的名声，说起来某人是喝酒喝死了的，汪曾祺也逃不脱这一点，有人说他是某次躬逢盛宴，饮酒稍多引发痼疾而亡。有人说不对，某次盛宴他没有多喝。其实，多喝少喝都不是主要的，除非是汪曾祺能活百岁，要不然的话，他的死总是和酒有关系，岂止汪曾祺，酒仙之如李白，人家也要说他是喝酒喝死了的。"（陆文夫《做鬼亦陶然》，载《深巷里的琵琶声——陆文夫散文百篇》上海文艺出版社2005年版）

这不仅道出了汪曾祺一生与酒的关系，更说出了作家的性格决定了他文章的审美取向的真谛。

我们虽然不能说汪曾祺是一个高尚的人，一个脱离了低级趣味的人，但他可以称得上是20世纪酒趣和文趣皆有的作家。20世纪90年代，我曾经为台湾一家出版社编过一本汪曾祺关于美食文化的散文集，其中就说道："从中，我们品尝到了江南的文化氛围，品尝到了那清新的野趣，品尝到了诗画一般的人文景观，品尝到了人类对美食的执着追求中的欢愉。""吃遍天下谁能敌，汪氏品味在前头。"这也许就是对汪曾祺酒趣与食趣的最高评价了。

丁　帆

（丁帆：南京大学博士生导师。曾任南京大学中文系主任，文学院院长。现为中国现代文学研究学会会长，中国当代文学研究学会副会长等）

自 序

汪曾祺是高邮人。他是文坛的骄傲，也是高邮人的骄傲。作为他的同乡、晚辈，并曾与他有过交往的我，一直在分享着这份骄傲——这份他给我，给我们带来的骄傲。一提起仳老先生，我眼前就会浮现出他笑眯眯、乐呵呵的样子，一副可亲、可爱、可敬的里下河老头儿的形象。我经常想起他，并经常寻思着：我能为弘扬传承汪曾祺的仁风文脉做些什么、再做些什么呢？

汪老去世后，人们写了很多怀念、评论他的文章和书。十多年来，我也写过一点文章，编过二三本小册子。在看、写和编的过程中，我觉得写得最生动的是汪先生子女的《我们的老头儿汪曾祺》，最难忘的是其中汪明的《"泡"在酒里的老头儿》。当然，这只是我的偏爱，也不涉及那些对学术性、评论性著述的评介。在《我们的老头儿汪曾祺》的启发下，我有了编写本书的打算。于是，在这两年里，我查阅了大量书籍、报刊和网载资讯；同时采访了汪老的子女、亲友，并得到了他们的大力支持。至于在撰写过程中，看到的一些文章，更增添了动力、坚定了信心。

　　作家、资深编辑张昌华曾几次写过台静农的文章，每篇文章几乎都会说到台静农喝酒的事。那些有趣的事，通过传神的笔，给我留下了深刻的印象。他曾写过一篇长文，题目就叫《诗酒台静农》，文中有这样一句话："一位学者朋友对我说：'倘写台先生，除写他的风骨之外，还要写他的穷，他的幽默，他的不拘小节，绝不能不写酒。'"（张昌华《曾经风雅：文化名人的背影（修订版）》，广西师范大学出版社2007年版）应当说，这位学者还是别有见地的。所谓写台静农喝酒，其实，也是写台静农的人也；而"这个人"，因为有了酒，也显得更见率真，更有人情味，文章也就更富有感染力了。

　　丁帆先生在与日本学者藤井饮酒中也有类似的感受。他说："人性是文学的灵魂，在人际的交往中，人性的融通有各种各样的方式，而我们和藤井先生的人性交流是在小小的居酒屋里，是在畅所欲言的酒桌上，是在觥筹交错的身影中。""也许，藤井先生在有的人眼中和心里是伟大的，但我却从他的饮酒行状中看出了他的可爱，这就够了。因为他不是那种鲁迅先生批评魏晋文人'无端的空谈和饮酒'，他是用心去饮酒和治学的。"（《藤井先生》）

　　李辉曾云汪曾祺"酒至微醺状态，他会变得尤为可爱，散淡与幽默天然合成"。（《自然天成汪曾祺》）

　　刘心武则认为："若有人研究中国文人与酒的关系，汪老绝对是一个值得深入剖析的例子。"（《刘心武说寻美感悟》，中国青年出版社2007年版）

作家崔普权在《也馋》一书中透露了这样一个细节：在采访中，当汪老得知崔也有贪杯小癖时，便请他一道饮酒。汪老说："那样你会看到我的骨子里，文章才会写得真些。"（《也馋》，人民日报出版社2015年版）

曾有人云，鲁迅之《魏晋风度及文章与药及酒之关系》为"以酒论事"；王春瑜所著之《明朝酒文化》是"滴酒观世界"。若云本书乃"借酒写人"，愚以为亦未尝不可也。于是，搜罗诸家涉汪公酒事者录之，汪公相关酒事诗文引之，汪公之亲友访之，终成此一卷。凡所抄录，长论也罢，短语也罢，文字皆一一标明出处，但云细说，决不戏说；虽曰闲侃，杜绝乱侃；力求呈现出一个真实的、可爱的、"立体的""酒仙"形象，尽管这只是他的一个侧面、几个剪影、若干组图而已。

让我们随着汪先生的背影，追踪老头儿的酒痕，再次重温他给我们带来的温馨和美好，善待往昔之缘、当下之缘，珍惜生活之美、生命之美吧！

目 录
CONTENTS

第一章　酒风余韵未曾衰　　　　　　　　// 001

第二章　浊酒一杯天过午　　　　　　　　// 010

第三章　解忧且进杯中物　　　　　　　　// 021

第四章　衣上征尘杂酒痕　　　　　　　　// 031

第五章　朋友来了有好酒　　　　　　　　// 060

第六章　酒逢乡亲格外亲　　　　　　　　// 081

第七章　乘兴挥毫一快事　　　　　　　　// 102

第八章　酒仙醉卧爱荷华　　　　　　　　// 121

第九章　偶尔轻狂又何妨　　　　　　　　// 133

第十章　无可奈何罢酒盅　　　　　　　　// 147

第十一章　不如且饮五粮液　　　　　　　// 165

第十二章　断送一生唯有酒　　　　　　　// 182

第十三章　文章为命酒为魂	//	198
第十四章　唯有饮者留其名	//	205
附录：杂家金实秋	//	217
后　记	//	221

第一章　酒风余韵未曾衰

在高邮的历史上，诞生过两位善饮的文坛巨星，一位是宋代的秦少游，"一饮拼千钟"（《望海潮·星分斗牛》）；一位是当代的汪曾祺，"泡在酒里的老头儿"。汪先生号称"酒仙"，似乎秉承天性，加上祖辈父亲之浸染、乡贤余风之熏陶，使汪曾祺从小就与酒结下不解之缘。

汪先生的祖父开中药店，且是地方上著名的眼科医生，但"生活俭朴，自奉甚薄"。他喜喝酒，"每顿用一个五彩釉画公鸡的茶盅喝一盅酒。没有长鱼，就用咸鸭蛋下酒。""喝了酒，常在房里大声背唐诗：'李白斗酒诗百篇，长安市上酒家眠。天子呼来不上船，自称臣是酒……中……仙……'。"（《我的祖父祖母》，见《汪曾祺全集》第五卷）就汪先生所述，他的祖父虽好酒，但并不狂饮滥喝，还是颇有节制的；亦不讲究下酒菜。他的下酒菜往往就是——长鱼。长鱼，黄鳝之俗称也，水乡高邮多的是，炒长鱼，乃佐酒之佳品，家常之下酒菜也。咸鸭蛋，由鸭蛋腌制而成，高邮盛产鸭蛋,而咸鸭蛋尤为著称,亦家常下酒菜耳。

汪先生的父亲也好酒,但亦不嗜酒,然喝得别有风致,颇具情趣。汪先生的笔下,曾有所描述。

一见散文《多年父子成兄弟》,汪先生说:"我十几岁就学会了抽烟吃酒。他(指汪先生父亲)喝酒,给我也倒一杯。"(《汪曾祺全集》第五卷)

一见《我的家》:汪家有一个花园,花园有一个花厅,汪曾祺的"父亲年轻时常请一些朋友来,在花厅里喝酒、唱戏,吹弹歌舞……"(《汪曾祺全集》第五卷)

另一处见小说《故乡人·钓鱼的医生》,小说中的医生王淡人,其实写的就是汪先生的父亲。小说写道:"他搬了一把小竹椅,坐着。随身带着一个白泥小炭炉子,一口小锅,提盒里葱姜作料俱全,还有一瓶酒。……钓上来一条,刮刮鳞洗净了,就手就放到锅里。不大一会,鱼就熟了。他就一边吃鱼,一边喝酒,一边甩钩再钓。"(《汪曾祺全集》第一卷)

类似王淡人如此钓鱼下酒者,世间亦有其人,丰子恺先生曾著一文,曰《吃酒》,文中写到当年在西湖边遇到的一位酒徒姓朱,刻字摊先生也。丰子恺先生写道:"每见一中年男子,蹲在岸上,向湖边垂钓。他钓的不是鱼,而是虾,钓钩上装一粒饭米,挂在岸石边,一会儿拉起线来,就有很大的一只虾。其人把它关在一个瓶子里。于是再装上饭米,挂下去钓,钓得三四只大虾。他就把瓶子藏入藤篮里,起身走了。我问他:何不再钓几只?他笑着回答说:'下酒够了。'我跟他去,见他走进岳坟旁边的一家酒店里,拣一座头坐下了。我就在他旁边的桌上坐,叫酒保来一斤酒,一盆花生米。他也叫一斤酒,却不叫菜,取出瓶子来,用钓丝缚住了这三四只虾,拿到酒保烫酒的开水去一浸,不久取出,虾已经变成红色了。他向酒保要一小碟酱油,就用虾下酒。"丰子恺先生说,他"下午收了摊,常到里西湖来钓虾吃酒,此人自得其乐,甚可赞佩"。

韩国的饮酒文化研究员赵圣荃在《韩国人的饮酒文化》中说:"韩国有举行家庭祭礼的传统。每当祭礼结束以后,后孙们要分喝祭礼的时候敬奉祖先的酒。这个时候,父亲和叔叔会很自然地让未成年的儿子和侄子喝酒,这是一种用酒来加强关系的独特文化。"汪先生的父亲与儿子的对酌,虽然不在祭礼之际,但此时的共饮,"用酒来加强关系",倒是有一定的作用的,汪先生之所谓"多年父子成兄弟",于喝酒之事亦可见一斑也。

初中毕业时,汪先生还喝醉过一次。不少人都知道汪先生年轻时,烂醉于昆明街头的故事,其实,那并不是他第一次醉酒。他之醉酒是"大器早成",十五六岁时即醉过一次。1935年夏,汪曾祺初中毕业了,他并不想在小县城蹲下去,他要"徙"。那天同学聚餐,汪先生喝多了,说了不少出去闯荡的豪言壮语。(陈其昌《孤弦苦弹巧纹曲》,《烟柳秦邮》,江苏文艺出版社2010年版)

汪先生不仅延续了他父辈好酒的脾性,对下一代,似乎也蹈袭了父辈的场景。汪明说:

"我最初对'爸与酒'的印象大约是在我三四岁的时候,那也算是一种'启蒙'吧?说来奇怪,那么小的孩子又能记住什么?却偏把这件事深深地印在脑子里了。"

"保姆在厨房里热火朝天地炒菜,还没开饭。爸端了一碟油炸花生米,一只满到边沿的玻璃杯自管自地先上了桌。我费力地爬上凳子,跪在那儿直盯盯地看着他。吃几粒花生,抿一口酒,嘎巴嘎巴,吱拉吱拉……我拼命地咽口水。爸笑起来,把我抱到腿上,极有耐心地夹了花生米喂给我。用筷子指指杯子:'想不想尝尝世界上最香的东西?'我傻乎乎地点头。爸用筷子在酒杯里沾了,送到我的嘴里——又辣又呛,嘴里就像要烧起来一样!我记得自己无法可想,只好号啕起来。妈闻声起来,又急又气:'曾祺!自己已经是个酒鬼,不要再害孩子!'透过泪光,我看到爸还在笑着。"(汪明《"泡"在酒里的老头儿》,《老头儿汪曾祺:我们眼中的父亲》,中国人民大学出版社 2000 年版)

1935 年秋,汪曾祺离开家乡到江阴南菁中学读高中,那时他 15 岁。关于汪先生在十几岁就喝酒的情况,汪老本人在回忆中说得很少。在《食豆饮水斋闲笔》中,他曾提过一句,在江阴,"我那时还不怎么会喝酒"。(《汪曾祺全集》第五卷)至于他喝的是什么酒呢?应当是江苏苏南一带的特产"百花酒"。在《江阴漫忆·河豚》诗中,他写到了这个酒:

鲫鱼脆鳝味无伦,酒重百花清且醇。
六十年来余一恨,不曾拼死吃河豚。

(见《汪曾祺全集》第八卷)

近人徐珂《清稗类钞·饮食类》云:"吴中土产,有福真、元烧二种,味皆甜熟不可饮。惟常、镇间有百花酒,甜而有劲,颇能出绍兴酒之间道以制胜。"过去几十年了,百花酒的清醇仍贮藏在汪先生的记忆之中。

汪先生之善饮,有秦少游的余韵遗风。高邮有座文游台,突兀在市北泰山庙后的一处高地上,它是苏东坡路过高邮时与乡贤秦少游、孙莘老及寓贤王定国载酒论文的旧址。这四个人,一位是文坛盟主,一位是国士无双,还有两位:孙莘老乃黄庭坚的岳父,曾为浙江湖州太守;王定国是淮扬名士,寓居于此。这一段文坛佳话当时即传遍了高邮和扬州,不久,后人便于此台构屋以作纪念之所。南宋嘉定五年(1212),曾任高邮学官的应武撰《重修文游台记》,记曰:"时守以群贤毕至,匾曰'文游'。李伯时笔之丹青,以侈淮扬胜。"此后,文游台虽屡有兴废,但已渐次蔚为大观,成为高邮首屈一指的名胜古迹,成为当代高邮最拿得出手的一张亮丽名片,成为过往文人墨客为之登临驻足、为之神往吟咏之处,更成为家乡耆旧、莘莘学子怀念乡贤、抒发情怀的第一佳境。

山抹微云,天连衰草,画角声断谯门。暂停征棹,聊共引离樽。

(秦少游《满庭芳·山抹微云》)

㳂酒为花,十载因谁淹留?醉鞭拂面归来晚,望翠楼、帘卷金钩。

(秦少游《梦扬州·晚云收》)

最好金龟换酒,相与醉沧州。
(秦少游《望海潮·秦峰苍翠》)

最好挥毫万字,一饮拼千钟。
(秦少游《望海潮·星分斗牛》)

为君沉醉又何妨,只恨酒醒时候断人肠。
(秦少游《虞美人·碧桃天上栽和露》)

饮罢不妨醉卧,尘劳事、有耳谁听?江风静,日高未起,枕上酒微醒。
(秦少游《满庭芳·红蓼花繁》)

两情若是久长时,又岂在、朝朝暮暮?
(秦少游《鹊桥仙·纤云弄巧》)

忆昔坡仙此地游,一时人物尽风流。
香莼紫蟹供杯酌,彩笔银钩入唱酬。
(宋·曾几《文游台》)

国士无双秦少游,堂堂坡老醉黄州。
高台几废文章在,果是江河万古流。
(清·王士禛《秦邮杂诗》)

寒雨秦邮夜泊船，南湖新涨水连天。
风流不见秦淮海，寂寞人间五百年。

(清·王士禛《高邮雨泊》)

秦少游这些千古名句和古人歌吟秦少游的诗，被高邮人一代一代地传诵，诗词中的文学营养与美酒芳香，悄悄地、缓缓地滋润着少年汪曾祺的心灵。

汪曾祺上小学时，那是每年都要上文游台的，早就听说了秦少游的趣事逸闻。在他回忆故乡的散文中，多次写到了文游台、写到了秦少游，并写了好几首吟诵文游台、秦少游的诗，其中有一首《上文游台》的七律云：

忆昔春游何处好，年年都上文游台。
树梢帆影轻轻过，台下豆花漫漫开。
秦邮碑帖怀铅拓，异代乡贤识姓来。
杰阁个独存旧址，酒风余韵未曾衰。

(汪泰《记忆是朵五彩的云——关于汪曾祺的一些回忆》)

这首诗作于1981年10月。那年，他第一次回到阔别了四十余年的故乡，登临了魂萦梦绕的文游台，他的亲戚席间索求墨宝，汪先生便手书了这首诗送之。

"酒风余韵未曾衰。"乡贤的诗酒风流，对汪曾祺的少年，乃至先生的一生，无疑存在重大的影响。这位"文狐""酒仙"，仿佛是秦少游再世，为古老的高邮在当代文坛上升起一颗灿烂之星，在久已沉寂的甓社湖上又跃出一颗烛天之珠！

2000年，高邮市人民政府于文游台内构建了汪曾祺文学馆，这两位文坛巨星在天之灵可以一起在故乡朝夕过从、樽酒诗书矣！

还应当说一说的是，不少人常说起秦少游诗酒风流对汪先生有重大影响，却很少提及家乡人的酒肠侠胆对汪先生的无声熏陶。在小说《岁寒三友》中，靳彝甫请陶虎臣、王瘦吾在如意楼上喝过两次酒。一次是他斗蟋蟀赢了四十块钱——四十块钱相当于一个小学教员两个月的薪水！靳彝甫很高兴，在如意楼定了几个菜，约王瘦吾、陶虎臣来喝酒。一次是他卖了被他视为性命的祖传的三块田黄——为了救陶虎臣、王瘦吾两位朋友暂度年关，勉强过日子。那时陶虎臣穷得无路可走，上吊寻死，刚被人救了下来；王瘦吾也是家徒四壁，已揭不开锅了。小说的结尾是这样的：

第三天，靳彝甫约王瘦吾、陶虎臣到如意楼喝酒。他从内衣口袋里掏出两封洋钱，外面裹着红纸。一看就知道，一封是一百。他在两位老友面前，各放了一封。

"先用着。"

"这钱——？"

靳彝甫笑了笑。

那两个都明白了：彝甫把三块田黄给季匋民送去了。

靳彝甫端起酒杯说："咱们今天醉一次。"

那两个同意。

"好，醉一次！"

这天是腊月三十。这样的时候，是不会有人上酒馆喝酒的。如意楼空荡荡的，就只有这三个人。

外面，正下着大雪。

《岁寒三友》，是有真人实事的。岁寒三友的酒曾经温暖过少年汪曾祺的心田，也滋润了汪先生的小说。汪先生在谈及小说《大淖记事》时曾说过："我当时还很小，但我的向往是真实的。我当时还不懂高尚的品德、优美的情操这一套，我有的只是一点向往。这点向往是朦胧的，但也是强烈的。这点向往在我的心里存留了四十多年，终于促使我写了这篇小说。"（汪曾祺《〈大淖记事〉是怎样写出来的》）从某种意义上说，《岁寒三友》也是如此。那腊月三十如意楼上的酒香在汪老心头萦绕了四十多年，终于酿就了《岁寒三友》这篇小说，让读者分享了那"醉一次"醇厚而悠长的馨香。

第二章　浊酒一杯天过午

昆明是汪曾祺的第二故乡。在西南联大的求学生涯，奠定和孕育了他的人生观念、独立思想、审美情趣及文艺学养；并进一步让他与酒结下了不解之缘，为几十年后戴上"酒仙"之桂冠打下了坚实的基础。

汪老于《昆明旅食忆旧》一诗中，开头首句说的就是酒——"重升肆里陶杯绿"，其自注云："昆明的白酒分市酒和升酒。市酒是普通白酒。升酒大概是用市酒再蒸一次，谓之'玫瑰重升'，似乎有点玫瑰香气。昆明酒店都是盛在绿陶的小碗里，一碗可盛二小两。"全诗如下：

重升肆里陶杯绿，饵块摊来炭火红。
正义路边养正气，小西门外试撩青。
人间至味干巴菌，世上馋人大学生。
尚有灰藋堪漫吃，更循柏叶捉昆虫。

诗的最后一句也与酒相关。汪先生捉的这个昆虫，叫豆壳虫，是用来下酒的。这个虫子专吃柏树叶子，所以要"循柏叶"去找、去捉。汪先生不但在西南联大时捉昆虫下酒，后来到观音寺去做教师了，也去捉这个昆虫下酒。1944年，汪曾祺在昆明郊区观音寺白马初中上学时，曾用豆壳虫干爆了下酒。这种在柏树林里飞来飞去的昆虫，黑色，形状略似金龟子，捉住它撕去硬翅，在锅里干爆了，撒一点花椒盐则成。汪曾祺说它"好吃"，有点像盐爆虾，而且有一股柏树的清香——这种昆虫只吃柏树叶，别的树叶不吃。（《七载云烟》，《汪曾祺全集》第六卷）"曾跟几个贵州同学在一起用青辣椒在火上烧烧，蘸盐水下酒。"（《五味》，《汪曾祺全集》第五卷）

有人说，汪先生之所以好酒嗜饮，与闻一多先生不无关系。闻一多先生曾教过汪曾祺，闻先生给他们上课，开讲就是"痛饮酒，熟读《离骚》，乃可为名士"。汪曾祺很敬重闻先生，也非常喜欢闻先生，他说："听闻先生讲课让人感到一种美，思想的美，逻辑的美，才华的美。"（《闻一多先生上课》，《汪曾祺全集》第六卷）但是，汪先生并没有说，由于闻先生的于导，他才爱上酒。

不过闻一多的话，显然对汪先生是有相当大的影响的。汪曾祺的同学许渊冲说："汪曾祺上过闻一多先生的《楚辞》和《唐诗》，他记得闻先生讲《楚辞》的开场白：'痛饮酒，熟读《离骚》，乃可为名士。'因为这合乎他把酒读诗的兴趣。"（《沈从文和汪曾祺》，"汪曾祺之友网"）我以为，许先生此说较为适宜。由此亦可见汪才子之"把酒读诗"，在同学们的印象中还是颇为深刻的。许渊冲当时对汪曾祺的印象是:"我第一次见到汪曾祺是 1939 年在'联大'新舍 25 号门外。他给我的印象是一个典型的白面书生,清清秀秀,斯斯文文,穿一件干干净净的蓝布长衫,给新校舍的黑色土墙反衬得更加雅致,一看就知道是中文学系才华横溢的未来作家。"(同上)

汪曾祺于西南联大之所以好酒,也跟当时的环境氛围不无关系。由于国难当头、生活窘困而借酒浇愁,这在当时的西南联大师生中十分普遍,只不过是汪先生比较突出,比较有名罢了。其最突出、最有名的,当数他一次醉倒昆明街头一事了。

汪先生一直也记得这件事:

> 有一次我喝得烂醉,坐在路边,他(指沈从文)以为是一个生病的难民,一看,是我!他和几个同学把我架到宿舍里,灌了好些酽茶,我才清醒过来。
>
> (《自报家门》,《汪曾祺全集》第四卷)

在西南联大的"醉卧街头",现在几乎已是文坛上人所共知的旧闻了。不少文章都提到了此事,在汪朗等写的《老头儿汪曾祺:我们眼中的父亲》中,有一段比较详细的记载:"在昆明期间,有一次晚上他喝得烂醉,走不了路,只好坐在路边。沈先生到一处演讲回家,以为是一个难民,生了病,走近看看,原来是爸爸。他和两个同学把爸爸扶到了自己的住处,灌了好些酽茶,爸爸才醒过来。"

作家洪烛曾深有感触地写过这样一段话:"酒使文人忘掉了

许多事情,也记住了许多事情。我去城南的蒲黄榆采访了汪曾祺,听他说起半个世纪前和沈从文的师生情谊。他没有回忆更多,只吐露了一次喝酒的经历。这个细节后来被他写在《沈从文先生在西南联大》的结尾处:'有一次我和他上街闲逛,到玉溪街,他在一个米线摊上要了一盘凉鸡,还到附近茶馆里借了一个盖碗,打了一碗酒。他用盖碗盖子喝了一点,其余的都叫我一个人喝了。'然后他感叹一声,'沈先生在西南联大是一九三八年到一九四六年,一晃,四十多年了!'文章讲完了。四十多年了,他还记得沈先生点的下酒菜。四十多年了,那碗酒还供奉在他的记忆里,碗是满的。"(洪烛《中国美食:舌尖上的地图》,中国地图出版社2014年版)

这里借机说一下,当时西南联大教授中善饮者亦不少,也有偶尔醉酒者;其校长梅贻琦先生虽有"酒圣"之誉,亦如此耳。为不占篇幅,且摘引金小明《梅公好饮》小段如下:

在《梅贻琦日记(1941—1946)》中,有这样的记述:1941年7月18日中午,清华同学公宴,"饮大曲十余杯",仅"微醉矣";当月25日晚,赴饭约,"酒颇好,为主人(邓敬康、王孟甫)及朱(佩弦)、李(幼椿)、宋等强饮约二十杯",仍只"微有醉意"。1945年10月2日所记,他还很能喝"混酒":"饮酒三种,虽稍多尚未醉。"长期出入酒场,难免也有辞酒误事或失礼的。梅先生也不例外:1941年5月23日晚,清华校友十六七人聚会,"食时因腹中已饿,未得进食即为主人轮流劝酒,连饮二十杯，而酒质似非甚佳，渐觉晕醉矣"。以至耽误了筹款的公事，"颇为愧悔"。同年12月6日又记，赴得云台宴请，因先前"在省党部饮升酒五六大杯，席未竟颓然醉矣，惭愧之至"。大醉之后，梅先生也曾发誓戒酒。1945年10月14日，晚上在昆明东月楼食烧鸭，所饮"罗丝钉"酒甚烈，"连饮过猛，约五六杯后竟醉矣，为人送归家"，遂在日记中表示"以后应力戒，少饮"。而两天后（17日），他又故态萌发，在日记中惋叹："（晚）约（杨）今甫来餐叙，惜到颇迟，未得多饮，酒则甚好。"

（载2016年4月11日《藏书报》）

那闻一多先生亦善饮，早在20世纪30年代于"国立"青岛大学（后改为山东大学）时即有酒名，时和杨振声、梁实秋等人被戏称为"酒中八仙"。浦江清先生亦是大饮者。今人钱定平曾于《浦江清日记》中发现，浦江清所记之"大宴小酌"竟有七十次之多。（钱定平《浦江清日记之境界》）而一位名叫燕卜荪的英籍教授亦是酒徒，极端不修边幅而十分好酒贪杯。有一次酒后上床睡觉时，竟然把眼镜放在皮鞋里了。第二天，一脚便踩碎了一片，只好带着坏了的"半壁江山"去上课。（见赵毅衡《燕卜荪：西南联大的传奇教授》，刊2004年11月10日《时代人物周报》）

在昆明时，有几位好朋友是经常与汪先生共饮的，他们都对先生之喝酒有清晰的印象。下面我把汪老的文章与他们的回忆放在一起请诸君分享：

"我有一天在积雨少住的早晨和德熙从联大新校舍到莲花池

去……莲花池边有一条小街,有一个小酒店,我们走进去,要了一碟猪头肉,半市斤酒(装在上了绿釉的土瓷杯里),坐了下来。雨下大了。……我们走不了,就这样一直坐到午后。四十年后,我还忘不了那天的情味,写了一首诗:莲花池外少行人,野店苔痕一寸深。浊酒一杯天过午,木香花湿雨沉沉。"(《昆明的雨》,《汪曾祺全集》第三卷)黄裳曾云:"曾祺写《昆明的雨》,情韵都绝……不易忘也。"试想,倘若少了"浊酒一杯",能有此情韵乎?

"曾祺有过一次失恋,睡在房里两天两夜不起床。房东王老伯吓坏了,以为曾祺失恋想不开了。正发愁时,德熙来了……德熙卖了自己的一本物理书,换了钱,把曾祺请到一家小饭馆吃饭,还给曾祺要了酒。曾祺喝了酒,浇了愁,没事了。"(何孔敬《长相思:朱德熙其人》,中华书局2007年版)

"我在西南联大时,时常断顿,有时日高不起,拥被坠卧。朱德熙看我到快十一点钟还不露面,便知道我午饭还没有着落,于是挟了一本英文字典,走进来,推推我:'起来起来,去吃饭!'到了文明街,出脱了字典,两个人便可以吃一顿破酥包子或两碗焖鸡米线,还可以喝二两酒。"(《读廉价书》,《汪曾祺全集》第四卷)

巫宁坤也知道这件事,2007年12月6日,作家李怀宇在华盛顿国际公寓采访巫宁坤时,李怀宇问起汪曾祺在西南联大的生活,巫宁坤说:"他是穷得有时候没钱吃饭,就躺在床上,不起床了。朱德熙是他的好朋友,去叫他,朱德熙也没有什么钱,就抱着一本字典去卖掉,一起吃饭。这恐怕是后来的事情,我跟他在一起的时候还可以,他总是穿着很旧的长袍。我们拿了稿费就去文林

食堂吃饭。"(李怀宇《巫宁坤：受难心史》，《家国万里：访问旅美十二学人》，中华书局2013年版)

在昆明时，汪曾祺还在朱德熙家喝了一顿"马拉松"式的酒。朱德熙的夫人何孔敬回忆说："一年，汪曾祺夫妇到我们家过春节，什么菜也没有，只有一只用面粉换来的鸡。曾祺说：'有鸡就行了，还要什么菜！'我临时现凑，炒了一盘黄豆，熬了一大碗白菜粉丝。我们很快就吃完了，德熙和曾祺还在聊天，喝酒、抽烟，弄得一屋子烟雾缭绕。他们这顿饭从中午吃到下午，真是马拉松。"(何孔敬《长相思：朱德熙其人》)

杨毓珉与汪曾祺既是同学，也是同事；既是文友，亦是酒友。1986年10月，汪曾祺写过一首诗给杨毓珉，题为《毓珉治印歌》，首句即"少年刻印换酒钱"。杨毓珉曾在昆明国立艺专中画系学过画画，善篆刻，为解生活之困，其时曾在笔墨店里挂牌为人刻印。杨毓珉回忆说：小试身手，尚不甚恶。一个月可拿到四五十元，这比联大的贷金高出三四倍。于是我们可以租房住了，可以星期六不走二三里路去联大食堂吃那个掺有沙子、谷糠"八宝饭"了，不时下个小馆吃碗焖鸡米线、卤饵块，喝二两烧酒。(《往事如烟——怀念故友汪曾祺》)

多少年过去了，汪先生还记住这个事，杨毓珉也忘不了这个事，盖此"二两烧酒"非比今日之二两烧酒也。汪先生去世后，毓珉非常悲恸，著长文痛悼，文末以四言诗一首寄托哀思，其中有句云："浊酒一樽，奠尔英灵。"如今，两位老友又到九泉一起共饮二两烧酒矣。

当时在西南联大就读的马识途也认识汪曾祺，说他"是我们中文系的一个才子"，还记得他那时"睡懒觉，泡茶馆，打桥牌，抽烟喝酒，读书论文，吟诗作词，名士风流"。（《想念汪曾祺》，《你好汪曾祺》，山东画报出版社2007年版）

何兆武与汪曾祺曾住在一个宿舍里，彼此很熟，他说："我宿舍有位同学，头发留得很长，穿一件破布长衫，扣子只扣两个，布鞋不提后跟，讲笑话，抽烟，一副疏狂作派，这人是汪曾祺。"（刘文嘉《何兆武：如一根思想的芦苇》（海外版)》）他在《上学记》（生活·读书·新知三联书店2006年版）中提到了汪曾祺喝酒，他说汪曾祺"修长发，好喝酒，衣衫褴褛，颓废不羁。因翘课过多受朱自清微词。汪曾祺有一次喝得烂醉，走不了路，坐在路边，被演讲回家的沈从文先生捡到，让两个同学扶到住处，灌了好些酽茶，才醒了过来"。

在西南联大，汪曾祺还有几位酒友。汪曾祺回忆说："常一起喝酒的还有朱南铣、王逊、徐孝通。朱南铣是学哲学的，和朱德熙是中学同学，外文、古文都很好、很渊博，手头又有钱（他家在上海开钱庄），有点'小开'脾气，他们几个人常在一起喝酒。"汪曾祺在《未尽才——故人偶记》中回忆了与朱南铣一起喝酒的往事："昆明的小酒铺都是窄长的小桌子，盛酒的是莲蓬大的绿陶小碗，一碗一两。朱南铣进门，就叫'摆满'，排得一桌酒碗。"有一次，朱南铣"请我们几个人到老正兴吃螃蟹喝绍兴酒。那天他和我都喝得大醉，回不了家，德熙等人把我们两人送到附近一家小旅馆睡了一夜"。至于与王逊、徐孝通共酌的情况，汪先生没有写过，也未见其他文章刊载，只好付诸阙如了。

"昆明有石榴酒，乃以石榴米于白酒中泡成，酒色透明，略

带浅红，稍有甜味，仍极香烈。"（《昆明的果品》，《汪曾祺全集》第三卷）

"昆明的白斩鸡也极好。玉溪街卖馄饨的摊子的铜锅上搁一个细铁条箅子，上面都放两三只肥白的熟鸡。随要，即可切一小盘。昆明人管白斩鸡叫'凉鸡'。我们常常去吃，喝一点酒，因为是坐在一张长板凳上吃的，有一个同学为这种做法起了一个名目，叫'坐失（食）良（凉）机（鸡）'。"（《昆明菜》，《汪曾祺全集》第四卷）

在西南联大期间，有一次汪先生牙疼得厉害，尽管他并不在意，甚至"泰然置之，而且有点幸灾乐祸地想：我倒看你疼出一朵什么花来！"照样活动，腮帮子肿得老高，还能谈笑风生，语惊一座。但老是疼，终是祸胎，汪先生终于决心拔掉它。汪先生在《旧病杂忆·牙疼》一文中追叙说："昆明有一个修女，又是牙医，据说治牙很好，又收费甚低，我于是攒借了一点钱，想去找这位修女。她在一个小教堂的侧门之内'悬壶'。不想到了那里，侧门紧闭，门上贴了一个字条：修女因事离开昆明，休诊半个月。我当时这个高兴呀！王子猷雪夜访戴，乘兴而去，兴尽而归，何必见戴！我拿了这笔钱，到了小西门马家牛肉馆，要了一盘冷拼，四两酒，美美地吃了一顿。"

汪先生在西南联大饮酒生涯，还在创作上起过作用。汪朗无意中说过一件事。他说，汪老的《七里茶坊》，里面有一个农科所的职工老乔，年轻时走南闯北，到过云南，知道云南的各种酒：市酒，玫瑰重升，开远的杂果酒，杨林肥酒——蒸酒的时候，上面吊着一大块肥肉，肥油一滴一滴地滴在酒里。这酒是碧绿的。"还记得昆明的许多吃食：'这老乔的记性真好，他可以从华山南路、正义路，一直到金碧路，数出一家一家大小饭馆，又岔到护国路和甬道街，哪一家有什么名菜，说得非常详细。他说到金钱片腿、牛干巴、锅贴乌鱼、过桥米线……'老乔的这段经历显然就是爸爸在昆明上学时的吃喝史，让他改头换面，移植到小说中了。"（《老头儿汪曾祺：我们眼中的父亲》，中国人民大学出版社 2000 年版）"沉醉是一点也不粗暴的，沉醉极其自然。"这是汪先生 1946 年 7 月 12 日发表于上海《文汇报》中《花·果子·旅行：日记抄》的两句话，是他在昆明时写的。文末标有时间：三十四年记，在黄土坡；三十五年抄，在白马庙。看来，对于在昆明的"沉醉"，先生是记忆深刻的，也是颇为自得的。

　　汪曾祺在昆明养成的善饮嗜酒是他在泡在酒里一生的初级阶段，酒仙尚在修炼层次上。离开昆明到上海后，汪先生结识了黄裳、黄永玉，三人成了挚友知交，既是文朋，也是酒友。于酒似乎又上一个台阶了。

　　汪先生的老朋友黄裳回忆说："认识曾祺，大约是在 1947 至 1948 年顷，在巴金家里。那里经常有萧珊西南联大的同学出入，这样就认识了，很快成了熟人。常在一起到小店去喝酒，到 DDS 去吃咖啡，海阔天空地神聊。"（黄裳《故人书简》，《你好汪曾祺》，山东画报出版社 2007 年版）那时，汪先生与黄永玉已成了好朋友，"常在一起到小店去喝酒"。（同上）1948 年 3 月，汪曾祺离开上海到了天津。他下了船就找酒喝，在他给黄裳的信中写道："这儿馆子里吃东西比上海便宜，连吃带喝还不上二十元。天津白干没有问题要好得多。因为甫下船，又是一个人，只喝了四两，否则一定来半斤。你在天津时恐还是小孩子，未必好好地喝过酒，

此殊可惜。"（同上）

黄裳还保存着汪曾祺1947年前后从上海致远中学给他的一封信。这封信，没头没尾地抄了一篇不知从什么笔记上看来的故事，信末云：饮酒不醉之夜，殊寡欢趣，胡扯淡，莫怪罪也。慢慢顿首。（《也说曾祺——忆·读汪曾祺代序》，《忆·读汪曾祺》，安徽文艺出版社2012年版）从黄裳的回忆中，我们不难看出，那时的潇洒才子汪曾祺于酒的亲密接触是何等频繁，何等沉酣，又何等潇洒啊！

在上海，除了与黄裳、黄永玉常常欢饮外，在学校里也时有"酒事"，此不见于他人文章，见之于他的小说《星期天》，小说中写道："我就是因为到上海找不到职业，由一位文学戏剧界的前辈介绍到他的学校里来教书的。他虽然是学校的业主，但是对待教员并不刻薄，为人很'漂亮'，很讲'朋友'，身上还保留着一些大学生和演员的洒脱风度。每年冬至，他必要把全体教职员请到后楼他的家里吃一顿'冬至夜饭'，以尽东道之谊。平常也不时请几个教员出去来一顿小吃。离学校不远，马路边上有一个泉州人摆的鱼糕米粉摊子，他经常在晚上拉我去吃一碗米粉。他知道我爱喝酒，每次总还要特地为我叫几两七宝大曲。"小说中的我，即汪公本人之化身也。

第三章　解忧且进杯中物

"何以解忧,唯有杜康。"自古以来,人们就赋予了酒消愁驱郁的功能。

"文革"初期的一段时间,汪曾祺这个"右派分子"不仅不断挨斗,而且还被扣了工资。其工资除上交夫人供家庭生活开支外,一天只有一块钱可供自由支配,由女儿汪明负责每天发放。对这区区的一块钱,汪曾祺竟然毫无怨言,甚至还有点暗自得意:因为那时"三毛几打二两酒",那一块钱可派上大用场啦,这个大用场就是买酒喝。

汪明还记得那时的情景,她说过一件事:"那天早晨已经发给爸一块钱,他还磨磨蹭蹭地不走。转了一圈,语气中带着讨好:'妞儿,今儿多给几毛行吗?''干吗?''昨儿中午多喝了二两酒,钱不够,跟人借了。'我一下子火了起来:'一个黑帮,还跟人借钱喝酒?谁肯借给你!'爸嘀咕:'小楼上一起的。'(小楼是京剧团关'黑帮'的地方)我不容商量地拒绝了他。被我一吼,爸短了一口气，捏着一块钱，讪讪地出了门。……第二天，爸一回家，就主动汇报：'借的钱还了！'我替他总结：'不喝酒，可以省不少钱呢。'他脸上泛着红光，不无得意地说：'喝酒了。''？''没吃饭！'"（汪明《往事杂忆》，《老头儿汪曾祺：我们眼中的父亲》，中国人民大学出版社2000年版）你看看，宁可不吃饭，也要抿口酒，这就是汪曾祺。那个时期，喝酒了、没吃饭这事儿，汪先生既不是第一次，更不是最后一次。众所周知，汪先生的生活一直很朴素，从来没有什么高要求，更从不乱花钱，他唯一的"奢侈"的开销就是买酒、买烟、买茶；而买酒，似乎总是排在第一位的。

　　有一次，他借买菜之机，偷偷躲在森隆饭庄吃酒，不知怎么的把随身带的小酒瓶给搞丢了。汪明至今还清清楚楚地记得那天的事——"那次他自己买菜，回来倒空了菜筐，也没有找到那只小酒瓶。一个晚上，他都有点失落。第二天我陪他去森隆，远远看见那瓶子被高高摆在货架顶上，爸快步上前，甚至有些激动：'同志！'他朝上面指指：'那是我的！'服务员是个小姑娘，忍了半天才憋住笑：'知道是您的！昨天喝糊涂了吧？我打了酒一回头，您都没影儿了！'"（同上）

　　在"文革"中，最使汪曾祺感到宽慰的是，他的夫人施松卿尽管嘴上说孩子们要"站稳立场"，但还是悄悄地买酒给汪曾祺喝。有一次，施松卿又教育孩子们要和"右派分子"划清界限了，说来说去，也没有说出汪曾祺有什么十恶不赦的事情，于是儿子汪朗梗着脖子问了一句："如果真有问题了，你为什么不和他划清界限？为什么还给他买酒喝？"在那种情况下，汪夫人的酒，是同情，是理解，是信任，贮满了浓浓的情，深深的爱。当时，有多少被揪出来的人在外面遭受折磨时还能扛得住,但是一旦受到家人的冷眼甚至批判,顿时就垮了,甚至走上了绝路。因为,他们在世间再没有可以得到同情与慰藉的地方,再没有理解他们的人了。

可以说,在挨斗的日子,汪先生尽管在外面的日子很难过,但在家的时候却很惬意。"挨了斗回来,喝足了酒,吃饱了饭,爸总是舒舒服服地往床上一躺,作'大'字状,感慨着:'哎呀,又是一天。'有时眯着眼睛,晃着脑袋,在袒露的肚皮上拍打着锣鼓点,嘴巴里'的格隆格咚'地过了门,有板有眼地唱道:我本是,卧龙岗,散淡的人……"(同上)

有时借着酒兴,汪先生还向子女们谈他在挨斗时看到和听到的一些"梨园名角儿"的轶事及"走资派"的趣闻。家,就是他的"避风港"和"安乐窝"啊。

在搞"样板戏"时,汪曾祺虽说是"控制使用","夹着尾巴做人",心中很不痛快,但可以借着所谓体验生活和上演之机能到处喝一点酒。尽管只是苦中作乐的短暂时光,却也给汪曾祺带来了些许生活的乐趣和生命的亮色。在江苏常熟排演《沙家浜》,他几乎每天都要偷偷地跑到小店里去喝当地产的百花酒,下酒菜也是当地产的糟鹅。为写剧本《红岩》,汪曾祺和阎肃在上海写戏之余,两人时常结伙到街头小店去找酒喝,喝黄酒长聊。汪曾祺与阎肃本来并不熟悉,但在一起搞京剧《红岩》《山城旭日》时成了知己。虽然后来由于工作岗位不同,彼此联系不多,但心却是相通的。汪曾祺在《受戒》等小说发表后,阎肃为汪曾祺高兴,特地打电话向他祝贺。阎肃对汪曾祺的文学才华评价颇高,他说汪曾祺"写词方面很精彩，能写出许多佳句，就是在夭折的剧本里也有佳句"。阎肃是歌词创作的高手，对汪老推许如此，可见汪老之"佳句"之精彩矣，惜不少佳句却因未能演出之故而流传极少，甚至鲜为人知或失传矣。一度，汪曾祺与阎肃、杨毓珉等人四到内蒙古去，参与将小说《草原烽火》改编成京剧。有一次，他们在大草原和大青山足足奔波了两个月，汪曾祺自以为有收获的是：一是听了不少战斗故事，看了不少风景；二是吃了不少羊肉，喝了不少酒。"骆驼见了柳，蒙古人见了酒，大草原的汉子豪饮那是出了名的。"他还在给女儿汪明的信中叙说内蒙古的"手扒肉如何好吃，马奶酒是什么样的味道"；也曾和他的儿子汪朗说过：他"见过老干部左手一块咸蔓菁，右手一瓶二锅头，啃一口咸菜喝一口酒，蔓菁吃完了，酒瓶也就见底了。这种喝法，他喝不来，很是佩服"。（汪朗《岁月留痕》，《老头儿汪曾祺：我们眼中的父亲》，中国人民大学出版社2000年版）在酒上让汪先生佩服的人极少，在那样的氛围中，汪先生喝的酒，还会少吗？在风雨如磐的日子里，汪曾祺也短暂享受过"快活似神仙"的日子。为改《红岩》剧本，汪曾祺到四川待了一段时间，其中在北温泉的数帆楼宾馆住了十来天。北温泉渠中养非洲鲫鱼，因此每顿饭几乎都有非洲鲫鱼。汪曾祺说"于是我们每顿饭都带酒去"。十来天，真是难得的轻松自在。

在那段岁月里，只要有机会，汪先生总是会找酒喝的。王道乾回忆说："大概70年代初，记得在北京曾共啖羊肉饮白酒，也没有多谈什么。"（徐知免《认识汪曾祺》）汪曾祺的同事、剧作家梁清濂回忆说："'老头儿'很有才气，以前大家一起写剧本，一人分两场,'老头儿'没多长时间便写出来了,然后找人喝酒。"(汪朗《岁月留痕》,刊《我们的老头汪曾祺》,时代国际出版有限公司 2010 年版)

不过,需要略加解释的是,那时的汪曾祺虽说有酒喝,有时喝得还不少,但很少是开开心心喝的。陶渊明诗曰:"天运苟如此,且进杯中物。"汪曾祺先生内心之郁闷是难以排遣的。他的挚友黄裳说,有一次汪曾祺随《沙家浜》剧组到上海演出,巴金夫人萧珊闻讯,特地在家里备了好酒款待汪曾祺和黄裳,但"曾祺面对佳酿,兴致全无,草草举杯,随即告辞……"(《忆曾祺》)酒,不过是汪先生借以暂时解脱精神痛苦的一剂良方耳!王蒙有几句话说得很到位,他说:"在一个百无聊赖的时期,在一个战战兢兢的时期,酒几乎成了唯一能够获得一点兴趣和轻松的源泉。"(《我的喝酒》,载《大家:华语七名家在香港名刊文章拾零》,作家出版社 2006 年版)陈白尘回忆起在"牛棚"中偷偷喝酒的经历时也说:"'文革'过去了,朋友们每每惊叹道:'你这十年是怎么熬过来的?'我只是笑而不答,除了其他因素之外,大概该说声'谢谢杜康'了。"(陈白尘《何以解忧》,载《解忧集》,中外文化出版公司 1988 年版)

至于一边喝酒,一边看书,那就是某种享受了,那酒或许还是一种思考的催化剂哩。1972 年 12 月 1 日夜,汪曾祺给朱德熙写了一封信,信中一开头就说:"今天我们那儿停电,我难得偷空回了一趟家。一个人(老伴上夜班,女儿去洗澡)炒了二三十个白果,喝了多半斤黄酒,读了一本妙书。"(《汪曾祺全集》第八卷)信中说的这本妙书,书名特长,是语言学家赵元任的《国语罗马字对话戏戏谱最后五分钟一出独折戏附北平语调的研究》，朱德熙也是搞语言学的，所以汪曾祺当夜就迫不及待地与朱德熙交流了。值得注意的是，在这封信中，他竟然毫无禁忌地诉说了他读了此书的感慨："读了赵书，我又想起过去多次有过的感想，那时候，那样的人，做学问，好像都很快乐，那么有生气，那么富于幽默感，怎么现在你们反倒没有呢？"（同上）汪先生的这一番话，在其时是犯忌的，这不是矛头直指当时的文风、学风么？他老先生在信中如此直截了当地批评，固然是缘于对老友的绝对信任，大概也少不了那半斤多黄酒下去激发的胆量与智商吧。

"文革"期间，汪先生除参与"样板戏"写作、"样板戏"演出时喝酒外，基本上是在小酒店里弄几两，或在家中抿两口，很少请他人到家里来喝酒。不过，也有例外的。"文革"后期的一个春节之际，汪先生的好友邓友梅回到北京，那时，邓还在东北劳动改造，好不容易才获准回京探亲。汪曾祺闻知十分高兴，特地约了林斤澜和邓友梅到他家聚一聚。汪曾祺说："咱们别的不讲，久别重逢，饮酒祝贺！"邓友梅回忆中写道："那天晚上曾祺郑重其事做了几个菜，有鸭子，有鱼，有扒肘子，都是我几年没有吃过的东西……就在那天，我……第一次感到茅台的酱香如此沁人肺腑，从此留下深刻印象。"（邓友梅《偶访赤水茅台》，载蒋子龙主编《茅台故事365天》，作家出版社2009年版）

1976年10月，"四人帮"粉碎了。"十年大乱成一梦，与君安坐吃擂茶。"这是汪曾祺于1982年写的诗中的句子。但由于汪曾祺参与了"样板戏"的创作，还被江青指名上了天安门，在"文革"结束初期，汪曾祺却被某些人目为"四人帮"分子，以至一度成了重点审查对象。汪曾祺实在想不通,非常痛苦。尽管这次审查不抄家,不批斗,人身自由不受限制,也可以回家,但心中的那股气无处可泄。

汪老的子女们回忆说:"爸爸受审查,上班时老老实实,回家之后脾气却不小。天天喝酒,喝完酒就骂人,还常说要把手指头剁下来以'明志',弄得妈妈十分紧张。……后来审查逐步松了下来,爸爸也逐渐习惯了自己的处境,变得平和了一点,晚上喝足酒吃好饭后,便开始提笔作画。……借画抒发自己心中的闷气。(汪朗《岁月留痕》,《老头儿汪曾祺:我们眼中的父亲》)在《汪曾祺书画集》中,我们可以见到他当时画的几幅画——有的是瞪着眼睛的鱼,单脚独立的鸟,画上还题字云:"八大山人无此霸悍!"有两幅画画的是和尚,均作怒目圆睁状,一题曰:狗矢?!一题曰:什么?!人云,酒后吐真言,画亦是也!

历数汪曾祺之借酒浇愁,一生大致有过四个密集期:一是昆明穷困颓唐之时,二是"反右"运动之日,三是"文革"后期被"审查"之初,四是《沙家浜》署名案之际。所谓《沙家浜》署名案,即关于《沙家浜》著作权的官司。关于那场官司,已有不少文章披露原委和结局了,兹不赘述,这里且摘抄一些回忆让我们了解一下当时汪先生的心境。

汪朝回忆说:"1996年12月前后,爸陷进了那场关于《沙家浜》著作权的官司。这件事对他精神和身体上的打击非常大,大到超出家人和朋友们的意外。""爸的情绪很不稳定,几乎夜夜失眠。我们劝他少吃安眠药,对肝不好。但他没办法,睡不着。在外人看来,这件事远不如"反右""文革"那么严重,而他却难以承受。

他一向顾惜声名，淡泊名利，出版社出书、刊物约稿，他从不问价，有时稿酬低得令朋友们吃惊，他都无所谓。现在被泼上这么一瓢脏水，又无人诉说，真是郁闷至极。（汪朝《我们的爸》，《我们的老头汪曾祺》，时代国际出版有限公司2010年版）那时，汪师母已病倒多时，无法帮他排解郁闷，更不能管他不碰酒杯；那些日子里，汪先生常常一个人独自喝闷酒。林斤澜曾问过汪老的女儿，汪老女儿告诉他："吃饭时只喝一杯两杯，可是家里的酒瓶好像漏了。"

1997年3月，作家野莽为出版《中国当代才子书·汪曾祺卷》（长江文艺出版社）事，到北京汪府见到了汪曾祺。野莽说，"那天，说起文坛的官司，我说我狗年遭到两条恶棍的敲诈。汪老听得紧张肃穆，两眼向上将我看看，一脸的悲哀，过了一会挪过纸笔，将林则徐的'制怒'二字写了赠我。……汪老劝我制怒，他的心里何尝能够平静，他说他最近常常是望着窗外，提起笔来又放下去。……这件事对他杀伤很大……"（野莽《汪老在1997》，刊《此情可待》，地震出版社2014年版）陈寅恪曾有诗云："自由共道文人笔，最是文人不自由。"对此因"文革"而造成的署名之后果，汪老能说些什么呢？他只能借酒浇愁也！

王安忆这样说汪曾祺："他已是世故到了天真的地步。不是说他不清楚现实的丑恶和生活的艰辛，而是用审美的眼光和乐观的态度关照生活，从而带给人们内心一种呵护良善的道义和力量。"纵观泡在酒里的老头儿的一生，汪曾祺似乎特别怀念20世纪50年代初在北京文联的那一段时光。在《老舍先生》中，汪曾祺回忆起当年的往事："每年，老舍先生要把市文联的同人约到家里聚两次。一次是菊花开的时候,赏菊。一次是他的生日,——我记得是腊月二十三。酒菜丰盛,而有特点。酒是'敞开供应',汾酒、竹叶青、伏特加,愿意喝什么喝什么,能喝多少喝多少。有一次很郑重地拿出一瓶葡萄酒,说是毛主席送来的,让大家都喝一点。"后来,在《食道旧寻——〈学人谈吃〉序》中又一次提到:"老舍先生好客,他每年要把文联的干部约到家里去喝两次酒。"汪朗说,每年两次的在老舍家喝酒,"爸爸是常客,经常开怀畅饮,扶醉而归"。(《岁月留痕》,《我们的老头汪曾祺》,时代国际出版有限公司 2010 年版)在这一阶段,汪先生还常常与同事朋友们一起到市里的饭馆吃饭喝酒。他说:"那时文联编着两个刊物:《北京文艺》和《说说唱唱》,每月有一点编辑费。编辑费都是吃掉。编委、编辑,分批开向饭馆。那两年,我们几乎把北京的有名的饭馆都吃遍了。"(《食道旧寻——〈学人谈吃〉序》)那时,即使偶尔碰杯,甚至也会留下一段佳话。1956 年,汪曾祺一时心血来潮写了一部剧本《范进中举》,时任北京市副市长的王昆仑先生大为赞赏,就推荐给奚啸伯。当时奚先生和汪并无交往,但读过剧本却产生共鸣,就决定排演这出戏。一天傍晚奚先生到一家小酒馆喝小酒,抬头看见汪曾祺也在独斟自饮,于是凑上前去自我介绍。二人相见恨晚,酒逢知己。奚说:"我正排您的大作呢。您这本子对我心思。"汪说:"在排练中你可以随意改动,千万别客气。"奚说:"有您这句话我心里有底了,但请您放心,主框架我是不会变的。"(朱晔《奚啸伯与欧阳中石的生死情谊》)我以为,那时的吃,其实正体现了那一阶段汪曾祺他们生活的温馨和友谊的率真。

作家舒展本来是滴酒不沾的，他把酒看作辣的水、邪门汁、消愁波、迷魂汤，但在"文革"中的一年夏天，他却在朋友的劝说下进了"地狱之门"。他说："……两口，两盅，到两盏，一瓶酒彻底消灭殆尽。从此我发现了自己！不仅酒量的潜力使我感到意外，更重要的是：我那几十年的奴隶式的精神状态全滚蛋了！……"（《酒颂》）杜康可解忧，杜康可壮胆。作为"过来人"，大概不会仅仅是汪曾祺、舒展两个人的感受吧？

第四章　衣上征尘杂酒痕

20世纪80年代初，汪曾祺连续发表了《受戒》《异秉》《大淖记事》等短篇小说。1981年4月，《大淖记事》在《北京文学》发表后，同年6月被《小说月报》转载，并获得"1981年度全国优秀短篇小说奖"和"1981年度《北京文学》奖"，随后被翻译成多种文字介绍到国外。1982年，北京出版社出版了《汪曾祺短篇小说集》，其书畅销全国，受到广大读者的热烈欢迎和高度赞誉，有关汪曾祺作品的评介不断升温。与此同时，各地邀请汪曾祺参加笔会，进行讲学，也随之逐年增多起来。六七十岁的汪老，在创作中处于巅峰状态，在酒事上亦处在高潮阶段，全国各地的许多地方，在留下他足迹的城乡，几乎都留下了他喝酒的故事。"衣上征尘杂酒痕"，似乎是他那十多年酒事颇繁的绝妙写照。

下面，我们且"显摆"一下汪老在各地酒事的片断掠影。

云南。云南是汪老的第二故乡，在《浊酒一杯天过午》中，我们已经看到了他早期在昆明相关酒的一些记叙，下面再看看他于八九十年代在云南与酒的亲密接触。

　　四十年后，汪老第一次回到第二故乡。1987年4月，汪老随中国作协组织的代表团到云南访问，一路上到武定、楚雄、大理、德宏、腾冲、保山等地。

　　云南作家屠燮昌是陪访接待人员，一路上与汪先生相伴相随。老屠细心地发现了这样一个现象："一路上只要桌上没有烈酒，他（指汪老）都会'自备'一瓶独酌或邀同好同饮。凡涉及酒的话题，他又都能说出些有地方特色的酒的酿制方法或者有关趣事。"老屠还说："汪老的酒量并不大。但爱喝，每餐必喝上一点，稍一过量便微醺。"（《汪曾祺琐谈》）

　　汪先生也写过那次在云南喝酒的一些情况。那次在芒市的泼水节，汪老还喝了砂仁酒。汪老在泼水节上很开心、很尽兴，幽默地说他被祝福得淋漓尽致。泼水节的晚宴上，倩丽娇美的傣族少女到各桌轮流敬酒。汪老得意地说："她们的敬酒，有点霸道。杯到人到，非喝不可。好在砂仁酒度数不高而气味芳香，多喝两杯也无妨。我问一个岁数稍大的姑娘：'你们今天是不是把全市的美人都动员来了？'她笑着说：'哪里哟！比我们好看的有的是！'"（《滇游新记》，《汪曾祺全集》第四卷）

　　汪曾祺第二次再至云南，是应邀参加"红塔山笔会"。红塔山笔会是驰名全国的红塔山烟厂承办的。1991年春第一届红塔山笔会如期在玉溪举行，作为中国作家代表团的副团长，又是资深烟民的汪先生，非常愉快地在云南度过了半个月。在这半个月里，汪老究竟喝了多少酒，谁也不知道，他自己也没有说。但有几个细节人们记得非常清楚，久久难忘。

一是每饭几乎不离酒。张守仁说:"在我和汪老多年接触中,发觉他嗜烟嗜酒。我对他日常生活爱好的概括是:'每饭不离酒,香烟常在手。'……那次到云南旅游采风,不论中餐、晚餐,一路上汪老都要喝酒提神。他似乎白酒、米酒、啤酒、洋酒都喝,并不挑剔。他只要抿一口,就能鉴别酒的产地和质量。一瓶威士忌端上来,他尝一尝,就能品出是法国的还是美国的产品。"(《我所认识的汪曾祺》)

二是酒后乘兴打油诗。尧山壁回忆说:"汪老有古人遗风,酒后诗如泉涌,此时求诗易得。给高伟的诗是:'湛湛两泓秋水眼,深深一片护胸毛。沙滩自有安眠处,不逐滩头上下潮。'给李林栋的是:'踏破崎岖似坦途,论交结客满江湖。唇如少女眼儿媚,固是昂藏一丈夫。'一时,这几首打油诗迅速'扩散',传为美谈。"(《跛行云南忆汪老》)

三是有酒就行乐挥毫。微醺之际,汪老写字作画,痛快淋漓。18天的云南之行,汪老也留下不少书画。还为不是代表团成员的云南作家张长写了两幅字,张长在《好老头汪曾祺》一文中写道:"1991年5月,中国作协组织一些作家来云南参观访问。茅盾文学奖获得者、从未晤面的女作家凌力到昆明后就打听我,向我转告张洁的问候。我知道后马上到宾馆看望他们。凌力正好和汪曾祺在一起聊天。也许汪老和凌力、张洁都合得来,我们也就一见如故,谈得很投机。我当即请凌力和汪老到家中小坐,并嘱家里赶紧准备几样小菜。家里人为临时弄不出更多的菜深感不安,汪老大声说:'有酒就行!……'忙不迭把日本翻译家川口孝夫先生送的一瓶苏格兰威士忌打开,那一天他果然喝得非常尽兴。""那天，他乘酒兴一口气给我留下两幅字。"

四是临别动情涌泪花。红塔集团参加接待的李晓燕写道："……酒过三巡，菜过五味，在酣畅淋漓的气氛中，谁也没想到的事情发生了……不知道什么时候，汪曾祺出现在我们的餐桌前，他颤巍巍地举着酒杯，环顾着高洪波、李林栋、李迪和我，用低沉的语调清楚地说：'为你、为你、为你、为你，为你们在这里逝去的青春，干杯！'我的心一下子抽紧了，泪水夺眶而出。再看看那三位，五尺男儿个个都是热泪盈眶。此刻的汪曾祺，让我看到了他人性中那道至真、至善、至爱的光芒，对历史、对现实、对晚辈！那一刻，他让我见识了什么是'大家！'"（李晓燕《"红塔"余音——汪曾祺》）

云南作家先燕云也记叙了这件事。她说："住宿下关，晚餐时，几位在云南当过兵或当过知青的作家举杯祝酒，谈起了云南之行各自的感受，最终说到逝去的年华，无悔的青春。他们觉得这份沉重而珍贵的情感能与汪老分享，因他在云南生活了七年，还因为他'觅我游踪五十年的激情'。听了这帮还算年轻的作家的祝酒词，汪老缓缓举杯：'为你们逝去的青春……'话出口时，眼睛湿润了……"（先燕云《觅我游踪五十年——汪曾祺印象》）

李迪也有文章写了那令人感动的一刻："那年离开云南回京的前夜，晚宴上汪老举着酒杯走到我跟桐淦面前说，我们啊，我们这些人是多么善良，为了这个善良，我们付出的太多！太多！说完，他老泪纵横。"（李迪《追忆汪曾祺》）2014年，李迪到江苏，专程驱车到汪老的故乡高邮寻访参谒汪曾祺故居。周桐淦也和李迪一起来了。他们在汪曾祺故居前，不禁又一次回想起与汪老同行的那难以忘怀的云南之旅,那临别之际汪老深情的目光……

张守仁还说了一个汪老那次在云南"足饮"的趣话。"到了玉溪卷烟厂,攀登红塔山时,汪先生崴了脚,从此脚上敷了草药,缠裹了绷带,拄杖跛行。于是我搀扶他,经常和他同桌就餐。席间,他喝了一阵白酒,旋又把酒倒在缠着纱布的脚上,'足饮'起来。我感到纳闷。问他:'您为什么不仅嘴喝,还让脚喝呢?'他笑道:'这样可给跛足杀菌。'"(《汪曾祺的日常生活》)

半个月的云南之旅结束之际,凌力代表与会的作家们撰了一联:"四千里路向春城,风舒云卷,唯念同机同车同舟船,相别两依恋;十五日月走滇境,蕉红花绿,更愿采风采诗采珠玉,揽尽人间情。"大家约好,要出一本书记住这段美好的时光并选定以"十五日月走滇境"为书名,汪老高兴地挥毫写下了这七个字。

回到北京不久,汪先生撰写了两篇颇有影响的散文,一篇是《烟赋》,一篇是《觅我游踪五十年》。在《觅我游踪五十年》中,他深怀情感地说:"昆明我还是要来的!"

1997年1月,汪曾祺先生又来了,又来到了云南,来到了昆明,来到了玉溪!

红塔山笔会原定于1996年9月举办,可在接近会期之际,"洪波突然来电,说汪夫人因腿伤住院,汪老恐怕抽不了身。汪老是红塔山笔会的核心人物,谁都能缺,唯独汪老不可缺,会期只有后推……会期最终敲定1997年1月7日"。(道不平《汪曾祺与我"一笑而别"》)

参与接待工作的作家陈家桥回忆说:"记得是在昆明的锦华

酒店,当时昆明最奢侈的酒店,巨大的包厢,巨大的饭桌,白色的小酒杯,汪老喝了不少。"(陈家桥《怀念汪曾祺》)

何志云记忆是:"在同行的作家中,汪先生算是明星中的星。一路上记者采访不断,题诗留言不断,写字画画不断,不出三天,他突然眼内出血,两只眼全红了。他自己还不以为然,开玩笑说为云南生了'红眼病'。为了保证汪先生尽早康复,一面请医生来做检查和护理,一面由高洪波与何志云这两位副团长出面对汪老作出三项规定:一、不准接受任何采访;二、不准写字画画;三、不准喝酒,连葡萄酒都不行。汪老无奈,只得应允。晚上吃饭时,听医生说,汪老一下午休息得不错,眼睛的淤血开始吸收。……这时,正好服务员来问喝点什么酒?一桌的人没有谁说话,都把眼睛看着汪先生。汪老大声说:'看着我干什么?我不喝,你们喝什么就喝什么!'几天后,我们一起从昆明飞到西双版纳。汪老的眼睛几乎完全好了。当天晚上,我们一行去傣族的露天排档吃夜宵,汪老喝着啤酒,就着烤小鸡,笑得跟孩子一样,对我翘了翘大拇指,说:哉,真哉!对我这个杭州人,他想用杭州话来表达他的快乐。"(何志云《赤子其人》)

这一次在云南,汪先生喝了一回闷酒。这在汪先生的游踪中是罕见的。汪先生是一位很重感情的人,得知好朋友褚时健"出事"了,无法见面,汪先生的心情十分沉重、压抑;尽管四周是一片笑语欢腾,但汪老几乎是一直沉默不语。"整个晚上,在红塔大酒店歌舞厅一隅,默默地坐着一位矮小的老头,眼睑低垂、脸色红紫,神色中写满沮丧、失望,遍布迷惘。汪老就这样,一杯接一杯地喝着闷酒……直至午夜还不见他回房。"(道不平《汪

曾祺与我"一笑而别"》）

汪先生对老朋友的"出事"十分郁闷，本来一直热切地期望与老褚欢聚的兴奋心情一扫而空，好不容易才逐渐缓过神来，恢复常态。回京后，汪老仍久久不能释怀，于1月16日援笔写就《诗谶》一文：

> 去年夏天曾为褚时健同志画过一张画，画相当大，是一张四尺宣纸横幅，画的是紫藤，酣畅饱满。一边留有余地，题了一首诗：璎珞随风一院香，紫云到地日偏长。倘能许我闲闲坐，不作天南烟草王。
>
> 原意是觉得褚的工作生活过于紧张，画博一笑，希望他活得轻松一点。一时戏言，不料竟成谶语。
>
> 很想和褚时健同志见一面，哪怕只是招招手，笑一笑。然而竟无此缘。参观了高大敞亮的、世界一流的关索坝车间，卷烟的各道工序，崭新的工人住宅区，一尘不染的科技大楼，觉得处处有他的影子，回荡着他的豪迈的声音。在电视纪录片中，听到他说："企业办好了，我就高兴！"这是一句多么朴素，然而又多么深感情的话呀！

安徽。1989年11月，汪曾祺先生写了一篇《皖南一到》的散文，记叙了他走屯溪、歙县、黟县所看到的古迹、民居，以及看到的草木、吃过的徽菜。文章发表在1990年第二期的《花城》上。这篇写安徽的文章没有在安徽的文学杂志上发表，却于广东的文学刊物上刊载！我感到有些奇怪，因为汪先生之所以"皖南一到"，是因为参加安徽的文字期刊《清明》办刊十周年才去的、文字亦是缘此而生的。

1989年秋，汪曾祺应邀参加了《清明》的活动，是与林斤澜一起去的。作家季宇说："汪老爱饮酒，这是他留给我最初的一个印象。""《清明》创刊十周年之际，我们邀了一些作家来肥共庆。邀请对象以中青年作家为主，有刘恒、余华、肖亦龙等，其中也有两位老作家，一个是林斤澜先生，另一个就是汪老。这是我第一次见到他，与他严谨的文风相比，汪老给我的印象是幽默开朗，也很健谈，尤其是吃饭时爱喝两口。脸喝得红红的，这时候心情就显得特别好，话也多起来，有时还会说几句笑话。说完之后，就仰起脸，笑得很开心。晚上遇到有舞会，汪老的热情颇高。他跳得并不好，但却跳得极自信，像推土机似的把舞伴推得满场直跑，常常引来周围善意的微笑。"（《回忆汪曾祺先生》）

南翔在《无法寄达的情感》中亦云："《清明》开会，他不但谈兴浓、舞兴浓，而且烟兴、酒兴皆浓。他当时喝白酒，我说肝不好，怎能喝白酒？他粗声应道：不管它！"至于酒后跳舞的情景，南翔也捕捉到了一个细节——"在一个简易的舞厅，他一边跳舞，一边吸烟，上场了就将未吸的烟搁在窗台，下场后，拈起再吸。"

作家李平易是参与接待工作的，他在回忆文章中写道："活动结束后，汪、林二老去屯溪，参观游览，住在华山宾馆，二老对宾馆、酒菜并无兴趣。"却要李平易带他们"去老街喝点儿酒，吃点八毛豆腐、臭豆腐"。李平易说："二老都放开量喝着。"

在由合肥返京的过程中，不料却横生枝节，李平易在回忆文章中说："几个年轻人送他们上了飞机，汪老口袋里还揣着头一晚没有喝完的半瓶古井贡，对我来说也算是松了口气，总算没有生事，因为还在学院里，何先生就叮嘱过我陪二位老人玩，一定要注意安全，不要出事。他们也可以算是文学界准国宝级的人物。"

有趣的是，到了晚上打电话给合肥问《清明》的人，他们是不是按时到了，回答却是没有。原来那天合肥的天气状况不适宜飞机飞行，小飞机在合肥上空转了几圈后，又遵命飞回来了。按规矩他们可以免费食宿，但是两位老人揣着那半瓶古井贡，又到街上的小酒店"来点儿毛豆腐、臭豆腐"。再当了一回食客。"我重新找到他们时，二老不但没有一点儿懊恼的神色，依旧是乐颠颠地，反倒觉得也算件有趣的事情。"（李平易 2004 年 8 月 4 日博客《八九年秋天，陪汪曾祺先生来徽州》）

在街上小酒店汪、林二老潇洒的情况大概他们本人也觉得十分有趣，汪老在《林斤澜！哈哈哈……》一文中就写到了他与林在"屯溪街头一小吃店的檐下，就一盘煮螺蛳，一人喝了两瓶加饭"（《汪曾祺全集》第六卷）；林斤澜也说，两人"一人一碗螺蛳，一个口杯温上一瓶黄酒，自斟自饮自说自话"。《〈纪终年〉补》，载《流火流年》，大象出版社 2000 年版）

福建。从安徽回京不久，汪老又出发了。这次是到福建漳州为鲁迅文学院漳州函授班讲学，为给鲁迅文学院节省差旅费，汪老与何镇邦乘北京到福州直达快车，需要在车上 48 小时。

"庆幸的是我随身带了两瓶朋友送的'湘泉'酒，每到餐车就餐时让老爷子喝上两口，乘着酒性，汪老天南地北地聊开，时间就这样不知不觉地过去了。""我们在漳州大概待了四五天，除到漳州师院为参加面授的函授学员面授讲课、辅导外，还为漳州师院的学生讲课，与此同时，由于汪老的字画在文学圈的口碑极好，到宾馆住处向汪老求字者颇多。有一位《闽南日报》的记者一求再求，除自己求汪老的墨宝外，还为他的亲朋好友来求。林老实在看不过去了，动气斥之才作罢。对于所有求字画的人，无论是否相熟，汪老都是有求必应。"

"路过泉州时，参观过开元寺和东西塔，然后找我大学时的老同学黄振源君叙旧吃饭，黄君见到两位老作家十分高兴，取出家中珍藏的洋酒'将军酒'接待我们。二老痛饮后尚剩半瓶，黄君便把半瓶'将军酒'送给汪、林二老，让他们带到福州再喝，二位老酒仙当然也就其乐融融地笑纳了。"（何镇邦《汪曾祺、林斤澜的福建之行》）

讲课之余，汪先生游览了漳州、云霄、东山、厦门、福州的一些名胜古迹，还去了武夷山。福建活动结束后，写了《初访福建》一文，文字中有一小段说到了在云霄喝酒。云霄海鲜中有一种泥蚶，亦名血蚶，肉玉红色，极嫩。汪先生特喜此味，不加任何作料，剥开壳子就进嘴。他动情地写下一笔："我吃菜不多，每样只是夹几块尝尝味道，吃泥蚶则胃口大开，一大盘泥蚶叫我一个人吃了一小半，面前蚶壳堆成一座小丘，意犹未尽。"他感叹道："吃泥蚶，饮热黄酒，人生难得。"（《初访福建》，《汪曾祺全集》第四卷）

海南。1993年2月，《钟山》等五个文学杂志社及海南蓝星经济文化发展实业在海南海口、三亚举办了首届"蓝星笔会"，王朔、刘恒、苏童、格非、陈晓明、王彬彬一批年轻的作家、评论家出席了会议，汪老作为特邀嘉宾偕夫人到会。策划、组织者王干告诉笔者：在海南时，有一天恰逢陈永新的女朋友王智敏（即诗人乙宴）过生日，陈永新邀大家同喜。酒席上，范小青过来敬酒，步履姗姗，汪老举杯脱口叹曰：慵懒！

还有一次在饭店吃日本料理，桌上放了芥末，王干他们几个作家从来没有吃过此物，颇为好奇。汪老一边呷酒，一边将与芥末相关的知识、趣闻娓娓道来，一桌子人听得津津有味，也见识了作为作家、美食家的博闻广见和对生活的一腔热忱。

江苏。汪老到江苏的次数可多啦！那喝酒的次数谁记得清呢？但酒席间的一些趣事有人至今还津津乐道。作家梁晴在《各有各的萌》记叙了一些江苏作家的"萌"事，其中有一节涉及汪曾祺的特别有趣，讲作协的一个叫郜科的画家，有一次在会上共餐发生的事。她说，最典型的是有次作协会议聚餐，郜科喝了酒对满座前辈大放厥词，说："比起一个叫汪曾祺的老家伙，你们统统不行了！我现在只崇拜汪老爷子一个人！"汪老其时恰在该桌就座，郜科闻之扔掉酒杯，"啪"地一个伏地长叩。（载2016年9月28日江苏省作家协会官方微信《江苏文学》）那天宴请汪老，王干也在场。王干告诉笔者说，当时，郜科就向汪老敬了酒，在众人的欢笑声中，两人高兴地碰了杯。那次的酒喝得肯定不少。当天晚上，徐卓人曾打电话给他，她说，"可以感觉到，他酒喝得挺多，说话都有点含糊不清。"（徐卓人《我的恩师汪曾祺》）

南京之行汪先生还顺带去了一趟江都。当时任县文化局长的王慧骐还记得那天与汪老喝酒的事。王慧骐回忆说："那时县里还没设文联，一些作家和艺术家到访，也大都由我出面接待。约莫在86年的秋天，汪曾祺与另一位老作家林斤澜结伴来了一次江都。是不是还有叶兆言或其他作家，我印象不深了。他们是从南京去的扬州，扬州文联当时的秘书长许少飞陪着一道来的。第一站看了江都引江的水利枢纽（那是个千篇一律的保留节目），紧接着去了十余里外的曹王林园场，看花木，赏苗圃。晚饭回到江都吃的，汪先生那一年66岁，酒量还好得很哩。向汪先生敬酒的时候，有没有说到我对他小说的喜爱，或者说了一通怎样的话，可惜一概都没了记忆。"（《高邮散记》）你看看，有的事情王慧骐记不清了，模糊了，但汪先生"酒量还好得很哩"至今未忘也！

也是在那一次，主人请汪老一行到富春茶社用餐。富春茶社乃扬州百年老店，不仅菜肴佳绝，其自制魁龙茶及包子遐迩闻名。汪老本是江淮人，对维扬佳茗美食更是情有独钟。席间，汪先生在给大家敬酒时自嘲地说："我们是一支蝗虫队，吃到东来吃到西！"他还给茶社题了词。其一是：富春茶点，天下第一。汪曾祺。其二是：耳富春之名久矣，今得亲尝其菜点，乃平生一快。曾祺。一九八六年十月二十六日。时任扬州市作协副主席的许少飞还记住了一件事："汪老嗜酒，黄裳和林斤澜亦好酒，当时送他们离开扬州，参加上海市文联组织的活动，不料他们却在常州喝酒，错过了会期。"（慕相中《26年前，汪曾祺扬州行》）

浙江。1991年，应浙江温州市永嘉县之邀，林斤澜带了汪曾祺、从维熙、郑万隆、刘心武等北京作家去了一趟楠溪江。

温州之行给汪先生留下了美好的印象，温州的美酒更激发了汪先生的诗情与灵感。汪先生的温州之旅，不仅撒下了一路欢笑，也留下了一路诗文。回京后，他写了《初识楠溪江》的美文。后来，去的作家们写的文章出了一本书，书名就是《初识楠溪江》；当地有的景区还把汪先生的诗句和美文融进了他们的导游词。

当时，在温州参与接待的市文联主席刘文起，生动而细腻地描述了汪老在永嘉的一些酒事：在喝永嘉老白酒"气死茅台"时，汪老"先闻一下，再抿一口，一愣，又抿一口，又一愣，连忙喝下一大口，抹一抹嘴巴，说，不错，气死茅台！于是大口大口地喝。喝得兴起，脸上渐有汗气，便将领带扯下来塞进西装口袋里，一副埋头苦干的样子"。（刘文起《生命的丰碑——悼曾琦师》）

汪老对永嘉的米酒也很感兴趣，每次都喝得不亦乐乎，很尽兴。据郑万隆说：永嘉的米酒可不一般，而且花样多，味道好——"这里的米酒当然也是热着喝，不掺水，反倒要熬出一些水气来，使酒更黏稠一点儿如稀饭一般地喝。我把它喻作'稀饭'，是因为他们在酒里还要放进一些佐酒的材料，做成糖酒、姜片酒、菊花酒、桂花酒、莲子酒、炒米酒种种，让他总有些嚼头和回忆在里面。其内容之丰富，使我们一行文友好几个次次都喝得如熟虾一般。其中最可爱的是汪曾祺老先生，酒后弄墨，字里行间都出其不意地有几分醉态。"（见郑万隆《怕酒》，载《那晚在酒中：文化名家谈酒录》，京华出版社2005年版）

温州之行，汪老还在洞头灵昆留下一个与酒店老板娘"对对子"的佳话。温州市民革委员汪仁杰那次是陪同汪老去的，他说，那天：

时过午后，方觉肚内饥饿，便进入一间小店。汪老看看这间酒店虽小，倒也整洁素雅，便说："有拿手好菜只管上来。"这时店主人拉拉我："这是不是汪老？"我说："正是。请老板娘做好准备。"一会儿，店家端上一盘"红烧鳊鱼块"。汪老说："好，好。"接着又端上"泥鳅钻豆腐""黄酒泡螃蟹""清蒸灵昆鸡"等灵昆名菜，汪老忙拿起筷子挟了一口菜："好，好味道。"汪老问："是谁做的？""是我老婆巧翠做的。"汪老看看我，我连说："不错，不错。"店家说："巧翠是不错，她还会吟诗作对呢。"一听会"吟诗作对"，汪老就来了兴趣，要求店家把妻子请来一起喝酒。

巧翠很有礼貌地说："不知老人家有何吩咐？"汪老笑着说："我想请您对对子，不知意下如何？""既然老人家有此雅兴，我自当奉陪就是。""好。"汪老看了一眼窗外的两株垂柳，见一群鸟儿在树上栖息，吟出上联："两株垂柳立凤雏。"只见巧翠看了户外的水池一眼，不慌不忙地对道："一池碧水养龙孙。"

汪老听了暗暗称赞，又出一上联"梅兰竹菊宜相伴"，因为梅兰竹菊素以清高气节闻名，汪老想借此联来说明自己是以梅兰竹菊相伴的君子。这时我真有点为巧翠担心，只见她低头沉思一会，忽然抬头笑道："汪老您请听：松柏鹤鹿益延年。"汪老连连称奇，嘴上却说："巧翠真是才思敏捷，请坐下一起喝酒。""多谢夸奖，我实在不敢当。"巧翠客气地坐下，汪老挟了一块"泥鳅钻豆腐"，摇着头吟道："泥鳅钻豆腐，惊慌失措！"

这上联不但嵌入菜名,而且把泥鳅钻豆腐时的神态惟妙惟肖地表现出来。

巧翠想了想,用筷子挑起一只河蟹,笑着对汪老说:"螃蟹入黄酒,东倒西歪。"这个下联把河蟹的形态也描绘得活灵活现。汪老连连说:"好联,好联。"立即又出了一联:"一支妙笔,写遍天下诗书文章。"巧翠也笑着对道:"两只素手,织成世上绫罗绸缎。"这时,汪老坐不住了,他离座走到巧翠面前抱拳施礼,说:"巧翠是个女中豪杰,汪某佩服,佩服。"巧翠连忙还礼:"巧翠是个乡野村姑,头发长,见识短,敢在班门弄斧,还请汪老见谅。"

这时店家忙过来,拉拉巧翠衣襟,巧翠会意,要求汪老留下墨宝,汪老爽快地答应了。只见汪老唰、唰、唰,龙飞凤舞写下这副对联:泥鳅钻豆腐,惊慌失措;螃蟹入黄酒,东倒西歪。横批:灵昆名菜。

此文见周巨松《名人笔下的灵昆岛"吃"出美味成佳话》,刊 2011 年 6 月 3 日"龙海地情网",摘自第 24 期《龙湾史志》。在汪先生的游踪中,有写诗题联的作品,但与人"对对子"尚未见,地方媒体既有所载,且录此聊备一说吧。

汪先生似乎特别爱喝绍兴酒。在浙江桐庐时,作家何志云与汪曾祺、叶至善共餐。他说:"两位都酷爱喝绍兴酒,每人每顿饭大抵都得喝一瓶'加饭'酒才能打发。……汪曾祺对绍兴酒的钟爱,我至今未见有能望其项背者。"(何志云《有一个汪曾祺》,

载《你好汪曾祺》，山东画报出版社2007年版）

有时，汪先生居然还在大街上，一边走路，一边喝酒。何志云回忆说，那一次在浙江桐庐参加笔会，有一天中午时分，何志云"在大街上远远见汪曾祺满脸通红地逶迤而来，跟在一旁的韩蔼丽见到我就叫起来：'你看这个汪老头，说口渴了，买了瓶绍兴酒就这么一路走，一路酒！'"（同上）

边走路边喝酒的文人虽然不多，但也有，据吴祖光先生说，许宝驹先生也曾边走边喝的。1956年他和许先生逛北京琉璃厂，两人沿着琉璃厂街的古玩店、旧书店一家一家地浏览，闲步。大约一个小时以后，吴祖光忽然发现宝驹先生讲话时舌头有点大，看他的脸也红了起来，而在吴祖光家出发之前，完全不见这个样子。后来，吴祖光"才发现他在观看墙上的字画时，伸手从衣袋里掏出一个扁平的酒瓶，打开盖，喝一口，又盖上送回衣袋里了"。（《解忧集·序》，载《解忧集》，中外文化出版公司1988年版）

1995年10月，汪曾祺应邀到瓯海采风时，夫人施松卿也陪同一起去了。陪同他们的程绍国说："他是想喝点酒的，可医生令禁，夫人不许。林斤澜用温州话对我说：'你给他倒一点啤酒。'我照办，汪曾祺天真地微笑，一会儿就把大半杯喝完了。半顷，我又悄悄给他斟上。夫人对汪曾祺说：'你不要喝。'我说：'他们都喝红酒，啤酒是饮料。'夫人没有理睬我，汪曾祺也没有看一眼夫人，慢慢把这一杯干了。"（程绍国《林斤澜说》，人民文学出版社2006年版）

山东。泰山的油炸藿香，汪先生以为"嚼之下酒，真是妙绝"。70年代，汪曾祺上过一次泰山，为了看日出，在山顶上住了一宿，晚餐上有一道菜,就是油炸藿香,颜色碧绿,入口香脆有清香。那天,汪曾祺于招待所吃了一顿丰盛的晚餐,除油炸藿香外,还有烧鸡、卤肉、炒鸡蛋、炸花生米、炒棍儿扁豆……酒也喝得开心。以至十多年以后,汪曾祺仍铭记在心。然想到劳力者的艰辛,汪先生则感叹道:"这顿夜宴,不知费了几许人力,惭愧惭愧。"(《泰山拾零》,见《汪曾祺全集》第四卷)

1991年,汪先生又去了一次泰山,是去参加"泰山笔会"。那次,他为文坛留下了一篇著名的散文《泰山片石》。文章中自然少不了喝酒与写字,但仅寥寥数语。一是他亲见了泰山担山人的艰辛和劳累,感触地说:"我们在山上喝啤酒,有时开了一瓶,没喝完,就扔下了,往后可不能这样,这瓶酒来之不易。"二是说了他"写了两个晚上的字"。但据目击者、作家叶梦、毕玉堂说,那次汪公所喝的酒惊人,所写的字也惊人也!"下夜一点半了,林斤澜先生出面干预了,林老告诉我说:'不管老汪愿意与否、高兴与否,必须停下来,不能迁就!'"(《汪曾祺在泰山》,刊《行者歌于途》,中国文联出版社2000年版)翻看本书《乘兴挥毫一快事》中的摘录可见其大略也!

湖南。汪老也去过好几次湖南,每次去酒都喝得很尽兴。"人生得意须尽欢","人逢知己千杯少",且看看汪老友人们笔下的酒仙形象吧。

弘征对汪先生喝酒的印象甚佳。1982年秋,汪曾祺应邀在湖南讲学期间,弘征曾陪他游桃花源、岳阳楼,还在家里请汪先生喝酒。"有过不少次舒心的畅饮,"弘征说,"他素爱饮,喜欢慢慢地品,不像有的人那样山呼海啸,一口一杯地干。"(《恨

难同再对"擂茶"——忆汪曾祺》，载《杯边秋色·弘征随笔》，华夏出版社 1997 年版）

何立伟说："汪先生 1986 年来湘，我到宾馆去看他。可能是贪了杯，他红光满面，说话极多，然憨态如儿童。他真是个老小孩。"（吴波《怀念老头儿汪曾祺》）

1993 年湖南娄底文联邀请汪曾祺等讲学，用餐时酒当然是少不了的。"在主人宴请的餐桌上，当主人拿出颇有名气的'酒鬼'酒的时候，汪老霎时眼睛瞪大，发亮了。他显出兴头十足，当仁不让，并不等待大家，便率先递过酒杯，请人斟满一杯……汪老是越喝越兴奋，情不自禁地说起他年轻时候就如何喜欢喝酒，每天总要喝几盅。可是现在在家里老伴不让他喝。临出门前，老伴儿还特别嘱咐过。此时，汪老却异常高兴地笑着说：'到了这儿，便是将在外，君命有所不受，可以尽情地开怀畅饮了。'"（胡德培《六十定位——汪曾祺琐记》）

"在欢迎宴会上，他谈兴特浓，酒量特大，而且酒风、酒德特好。一桌人反复轮流轰炸，他居然一一笑纳，杯空到底。我粗粗估计，两斤茅台已经下肚了。奇怪的是，酒后还接受了我两个多小时的采访，不但没有半句酒话，而且机锋迭出，妙趣横生。"（谢石《汪曾祺的酒量及其他》）

陕西。汪老也去过陕西。那一年，贾平凹曾请他喝了一次酒。那次酒，贾平凹印象特深。贾平凹在高邮时，市文联的陈其昌、胡金雁采访了他。他回忆说："汪老到陕西去，当时和刘心武、孙捷生、林斤澜。那时我贾平凹还不是文联主席，没有权力可以动用公款请客，是私人在家里邀请汪老他们。那个时候，在家吃饭的时候，拿了一瓶酒，很快喝完了。当时记得刘心武问我还有没有酒，说是汪老能喝酒哩。那次后来又拿了一瓶喝了。汪老能喝酒，也是那次知道的。"贾平凹还说："最后一次见到是在北京开文代会，那时见到后，发现汪老脸皮比较黑，当时心里就好像'咯噔'一下。过了不长时间就去世了。"（于逸晨、胡金雁《贾平凹在高邮谈汪曾祺》）贾平凹对汪老很敬重，他两次去汪老的故乡高邮，谈起汪老，充满了感情，他说："汪曾祺是个应该建庙立碑的人物。"在汪曾祺的母校，他还又一次说起了当年在西安第一次与汪老共饮的情景，他说：1982年，汪先生与林斤澜、刘心武、孔捷生到西安去，请他们在家吃便饭。"拿了一瓶酒，很快喝完了，又拿了一瓶。从此知道汪老是能喝酒的。"（陈其昌《贾平凹与汪曾祺乡亲的对话》，刊《烟柳秦邮》，江苏文艺出版社2010年版）

那次欢聚对饮，汪先生本人亦印象颇佳，记忆犹新，多年后，他的亲戚晋彦在汪府小叙，汪先生还兴致勃勃地谈起往事，谈起那次"酒过三巡，五位作家上下五千年，纵横八千里侃起了大山"。（晋彦《驾鹤仙去十五载，音容犹在忆汪老》）

和谷对汪老的西安之行还有一段"补叙"——"1982年，汪曾祺、林斤澜、刘心武、孔捷生一行来到《长安》编辑部。我和贾平凹去火车站接客。……一起走到大雁塔十字，却不见汪老了，老林作了个饮酒的动作说，一定是来酒瘾了。我们一行进了路东的国营食堂，果然见汪老已经买了酒，正端着小瓷黑碗仰头畅饮。老林开玩笑说，你怎么不顾弟兄们，自个吃独食呢？大家坐了下来，要了简单的酒菜，吃碗面，扬长而去。"（和谷《忆〈长安〉》）

山西。在山西大同，汪先生也喝得很痛快，有时甚至是全天候的。"1988年4月，汪先生到大同为《北京文学》函授班的学员面授，和我同住一室。那时市场上买不到汾酒，便只好给汪先生准备了三瓶北方烧。我想，汪先生在大同只待三天，三瓶北方烧足够了。谁知，两天不到，报销了近三瓶北方烧，这还不算中午、晚上吃饭时喝的酒，开玩笑呢。那三天我想汪先生可真是过足了酒瘾。每天中午将近十一点半，汪先生就对我说：'志强，来！咱们喝口酒，吃饭。'说着，汪先生给我倒上二两，再给自己倒满一茶碗。'我的天！'我心里暗自叫道，'这是喝口酒么？汪先生，您这口也太大了吧。'汪先生端起茶碗，吸溜就是一大口。'嗯！这酒味道不错！和汾酒不差上下。'汪先生称赞道，捏起几粒花生米，扔到了嘴里。黄昏六点多，汪先生又对我说：'来，志强，咱们喝口酒，吃饭。'又倒了满满一茶碗。晚上睡觉前，参加面授的学员们都回房间休息去了，只剩下汪先生和我。汪先生就又对我说：'志强，来！咱们喝口酒，睡觉。'依然倒满一茶碗，像汪先生这样喝酒，我以前没见过，以后再没见过。那三天，我一直处于一种左右为难的境地。汪先生爱喝酒，看他喝得那么香，那么有滋味，阻拦吧，实在于心不忍；不阻拦吧，又实在为他的身体担心，所以，每到吃饭时，我都事先叮嘱一些人少劝汪先生喝酒，可汪先生每顿饭依然要喝不少。但就这样，那三天，汪先生喝了那么多酒，我却没有发现一次汪先生有喝多了的迹象。汪先生似乎没有喝醉的时候。"上文见乌人《酒仙汪曾祺》，转载于2008年9月22日"大同乌人的博客"。

重庆。1982年，刘心武曾与汪曾祺、林斤澜一起到四川重庆。

他精彩地描绘了汪老痛饮的神态：在《醉眼不朦胧》中写道："汪老嗜酒，但不是狂喝乱饮，而且精于慢斟细品。我们到达重庆时，正是三伏天，那时宾馆里没有空调，只有电扇，我和一位老弟守在电扇前还觉得浑身溽热难耐，汪老和林大哥居然坐在街头的红油火锅旁边，悠哉游哉地饮白酒，涮毛肚肺片。……后来他两人酒足肉饱回来，进到我们屋，大家'摆龙门阵'，只见酒后的汪老两眼放射出电波般的强光，脸上的表情不仅是年轻化的，而且简直是孩童化的，他妙语如珠，幽默到令你从心眼上往外蹿鲜花。"

新疆。汪曾祺在新疆也喝过酒。1982 年 8 月，汪曾祺应邀去新疆采访、讲学，一起去的还有林斤澜、邓友梅和《北京文学》的编辑李志。在讲学之余，他们游览了乌鲁木齐、伊犁、吐鲁番、察布查尔等地。每到一处，热情好客的新疆人都为他们早备好了酒，盛情接待。在伊犁，文友座谈会后当晚，市文联《伊犁河》杂志主编郭从远在绿洲饭店接风。"汪曾祺能饮，对伊犁大曲极为赞赏，连声说：'好酒，好酒！'对菜肴'四川豆酱蒸豆腐'一味，啧啧称赞，连连举箸，感慨地说：'这种豆腐，还是抗战时在昆明吃过啊！'看得出，汪老是个老牌食货。"（赖洪波《又见丁香花开时——伊犁文苑 60 年的人与事》）在察布查尔，传汪曾祺一行访问了两个锡伯族家庭，观看了射箭队员的精彩表演，还欣赏了县文工团员们演唱的民族歌舞。察布查尔锡伯族屯垦戍边的业绩和浓郁的民族风情，使北京的作家们赞叹不已。

当地作家谢善智在《北京小说家访问察布查尔》通讯中生活地记叙了那时欢饮的情况："在县委招待所，我们宣传部宴请北京作家。记得客人们为表示谢忱，首先向我们敬酒，面对德高望重的小说名家，岂不折杀晚辈？在着实吃了一惊之后，我们忙不迭地向他们敬酒表达衷心的钦佩。几杯酒下肚，我按捺不住激动的心情，唱了锡伯族的《打猎歌》，关伊梅副部长唱了锡伯族民歌，阿不都外力同志唱了维吾尔族歌曲。这时，邓友梅先生亮开歌喉，唱了一首日本歌。歌声、掌声、笑声，声声入耳，这是一场歌酒风流的雅聚，流荡着多彩的民族风情，永铭心海，让人难以忘怀！"

在尼勒克县，汪老也是开怀畅饮了的。张肇思时为县政协副主席，曾陪同汪曾祺一行在尼勒克采风，在他写的《不尽长河绕县行》（见《永远的汪曾祺》，上海远东出版社 2008 年版）这篇怀念汪老的一文中，记叙了汪老一行在县里活动的情况，可惜关于汪老喝酒的情况，只有一句："在这里饮酒，赵林在文章中已经讲了。"赵林的文章为《其文其人》，也是怀念汪老的，刊发于 1997 年 7 月 15 日《奎屯广播电报》上，可惜，现在已难以寻觅到了。

黑龙江。1998 年，王蒙写了一首《悼汪曾祺》的诗，诗云：汪老老而俏，诗文书画娴。沙家浜戏雅，陈小手活鲜。至味夸扬菜，醇醪赞牡丹。逍遥跨鹤去，何日采菊还。

诗后有短跋，其中末句曰：一九九一年，我们同游牡丹江市，他很喜欢那里生产的响水糯米酒。

汪先生既喜饮，其数量则当不在少数耳。

贵州。"在贵州跟汪曾祺老人住在一起，老人喝酒喝得务求尽兴，邓刚自我克制始终滴酒不沾。第二天邓刚给老人看掌纹断身体，老人笑呵呵地听着。"（秦玉《邓刚一直在生活的海洋里"碰海"》，见 2014 年 5 月 21 日《大连日报》）

台湾。1994年，汪老受台湾《中国时报·人间副刊》邀请，去台北参加"两岸三边华文文学研讨会"，那次研讨会刘心武也去了。在《醉眼不朦胧》一文中，刘心武说："在香港机场转机时，汪老可真是老得糊涂了，过海关闸口时，他既拿不出护照，也找不见机票，懵懂得够呛，我和山西作家李锐两人，忙在他身上翻口袋，总算替他找全了应供检查的东西。但在台北活动中，酒后提起的精神，仍使他容光焕发，出语惊人。"（《刘心武说寻美感悟》，中国青年出版社2007年版）汪老乃性情中人，难得去宝岛一次会会同道，那酒当是尽兴了的，只不过是人们未援笔于此也。

北京。在北京与汪曾祺经常在一起喝酒的是一些多年的老朋友。最多的是林斤澜先生。汪先生搬进虎坊桥后，林斤澜时常来和汪曾祺聊天喝酒。那时，林斤澜心脏不好，每天得去医院输液，而那个医院离虎坊桥不远，他输完液就常常到汪先生这儿来，两位老朋友总是有谈不完的话。尽管两人只能喝点红葡萄酒，而且不过瘾，但大家高兴得很。汪朝说："我中午回家，一出电梯就听到林叔叔响亮的笑声，爸和妈也高兴得很。"（汪朝《我们的爸》，刊《我们的老头汪曾祺》，时代国际出版有限公司2010年版）

李国涛先生回忆说：在《北京文学》月刊举办的汪曾祺小说研讨会上，"开会两天，一到吃饭时，汪、林二位挨着坐，把持着那个酒瓶。（其他客人很少饮酒）餐后还带回剩酒和随便一盘什么剩菜，说回去再喝。他们二位同住一间客房。我那次带去一个扇面，请他写。晚上，去时，见他二人正在继续喝着聊着。"（《读〈忆·读汪曾祺〉》）丰子恺先生曾云："我觉得世间最好的酒肴，莫于诗句，另外还有一种美味的酒肴，就是话旧。"（见《酒畔夜饮》）

汪、林二老在一起,喝酒,他们的话是说不完的。

时在《北京文学》工作的编辑赵李红,在回忆文章中写道:"晚餐后,我和同事把剩下的花生米、酱肘子这些熟食端回您们(指汪曾祺与林斤澜)的房间,供一对酒友聊天。您(汪老)笑哈哈地说,在家里,老伴儿有时叫您'酒仙',有时叫您'酒鬼'……听得我们哈哈大笑。"(《这一天我没等到……》,刊《未公开的采访手记》,团结出版社2010年版)

作家李庆西说:"我和汪老见过不多的几次,第一次是在林斤澜家(西坝河一座塔楼里)。就是那次组约了《晚翠文谈》这本书。林斤澜是浙江人,对浙江出版界的人很关照,知道我们组稿意向,就把汪曾祺、刘心武约到家里来。那天一早我和育海先到了,我们问林老附近有什么餐饮,打算中午请饭。林老说就在他家里吃,他带我们下楼到附近的副食店,买了红肠和酱肘子之类的卤味,还有馒头、麦面包。他说在家里吃方便。不全是冷餐,又做了一大锅热汤。汪老下厨露了一手,是用西红柿、蘑菇做的牛肉汤,味道很好。大家吃,聊,喝二锅头,像是在家里搞派对。那时物质生活比较简单,却更有欢乐。"(李庆西《灯前细雨檐花落》)

深知汪、林二老的学者孙郁说,汪曾祺和林斤澜"他们嗜酒如命,每逢聚会,都喝得两眼红红,晚年外出,二人同行时居多,每餐不忘喝酒,举杯同笑,很有老酒仙之态"。(《革命时代的士大夫:汪曾祺闲录》,生活·读书·新知三联书店2014年版)

斯言诚是!李白曾有诗云:"开颜酌美酒,乐极忽成醉。我情既不浅,君意方亦深。相知两相得,一顾轻千金。"(《酬岑勋见寻就元丹丘对酒相待以诗见招》)此诗若移之汪、林二老,似亦相当耳。

"2002年春天,《北京文学》评奖,我和林斤澜先生都是评委,那天他和我喝了很多的酒,说了很多的话,最多的一句就是:他们(指汪曾祺、高晓声、叶至诚)都走了,就剩下我。……说到动情处,林先生都哽咽了。"(见王干《难得的暖意——重读〈岁寒三友〉》,刊《夜读汪曾祺》,广陵书社2016年版)

汪曾祺好酒,在朋友圈里是众所共知的,朱德熙虽不善饮,但只要与汪曾祺一起吃饭,则必陪之小酌一番。德熙夫人何孔敬在《长相思》中回忆说:"上世纪八十年代,德熙和曾祺来往相当频繁。有回曾祺和松卿来了。刚好德熙由昆明出差回来,带回一大块昆明的宣威火腿。德熙关照我说:'孔敬,今天曾祺来了,切块昆明宣威火腿,蒸蒸,给曾祺下酒。'想不到曾祺就了火腿喝大半瓶洋酒和大半瓶茅台酒。松卿发话了,说:'曾祺呐!我看你够了,不要再喝了。'德熙说:'曾祺喝酒很少喝醉,就由曾祺喝吧!'"

朱德熙的儿子朱蒙说过一件很有意思的事。一次朱蒙一个人在家摆弄无线电,他在这方面很灵。汪曾祺到他们家去,看大人都不在家,就自己在屋里瞎转,发现柜子里有一瓶好酒,大为高兴,他掏出钱来,打发朱蒙去买了两串油炸的铁麻雀。回来后,他找了一本书,边看边吃边喝。朱蒙依旧埋头鼓捣无线电,两人各不相扰。看看朱德熙老不回来,汪曾祺交代朱蒙:"还有半瓶酒,一串麻雀,告诉你爸爸,留给他了!"然后就喜滋滋地回家了。(汪朗等著《我们的老头汪曾祺》,时代国际出版有限公司2010年版)

汪先生亦是范用家的常客。范先生与汪曾祺是老朋友,又是老乡（范用是江苏镇江人），更是酒友。黄离在《我和范用的"缘"》中说："范家曾有'范用酒馆'之称，档次较高，此酒馆里最常见的是王世襄与汪曾祺。"（见黄离 2010 年 10 月 14 日博客）汪先生去世后，范用写了一篇《曾祺诗笺》的文章，怀念故人。文章的结尾写道："曾祺夫人施松卿早就告诫我，不要再拉曾祺喝酒，我遵守了。我和曾祺最后一次喝酒，是九七年春节，喝的啤酒，只能算饮料，那是永玉归来的一次欢聚，还拍了照，我们面前每人一大杯扎啤。不料 5 月份他就去世，哀哉！"（见《你好汪曾祺》，山东画报出版社 2007 年版）

汪曾祺是范先生家家常客，有时兴致上来，汪先生还会在范家执铲掌勺，献上几盘美味。在汪先生的集子里，没有留下什么在"范家酒馆"喝酒的文章，倒是在一首《题丁聪画范用漫画头像》诗中留下了一点"酒痕"：

　　往来多白丁，绕墙排酒瓮。
　　朋自远方来，顷刻有馔供。
　　……

惜此诗《汪曾祺全集》未载，见于范用《我很丑，也不温柔——漫画范用》，三联书店 2006 年版。

杨毓珉说："喝酒是他的老嗜好，记得 1994 年他来我家，给他 38 度的酒，他嫌不过瘾，非喝 52 度以上的酒……"（《往事如烟——怀念故友汪曾祺》）

汪老出大名之后，不少在北京举办文学活动会邀他参加，一些办学机构也会请他讲课。而在活动与讲课之余，自然少不了的是喝酒。

1994年11月25日上午，"中国作家十人书画展"在中国美术馆西南厅开幕。书画展展出了100幅作品，每人10幅，汪曾祺也是10幅。那天中午，中华文学基金会在文采阁特设"三国宴"，招待书画家和出席开幕式的文艺界知名人士。那一天的"三国宴"，每道菜都与《三国演义》相关，诸如什么"空城计""连环套""桃园三结义"，菜名虽别出心裁，但总使人觉得有点不伦不类；加之一些或侍立或穿梭于酒席之间的美女又分外扎眼。几杯酒下肚后，美食家汪先生终于忍不住了，信口说了二句——"胡编乱造三国宴，横七竖八女妖精"。"有人提醒在座的一位女工作人员赶紧给汪先生敬酒，女工作人员端起酒杯，说：'汪老，敬您老一杯酒。'汪曾祺一口喝尽，说：'女将出马，必有妖法。'言外之意是，女人喝酒厉害，对有的女人来说，酒精几乎不起作用。你来我往，频频敬酒，酒席上的气氛非常活跃。"上文所引见鲁光《日记中的画家朋友》，载《近墨者黑》，三联出版社2011年版。

20世纪80年代中期，作家、画家聂鑫森陪同弘征去北京组稿："记得我们在《诗刊》附近一家饭店午餐，菜刚上桌，正要斟酒，忽然从店堂的那一边走来一位老人，拎着一瓶酒，竟是弘征兄的旧识——老作家汪曾祺。汪老和弘征兄寒暄后说：'我在款待几个友人，看见你来了，这瓶"六曲香"得让你们先尝一杯，好酒呵。'汪老给我们斟上酒，笑吟吟地走了。弘征兄说：'这才是真正的魏晋风致。'"（聂鑫森《才情未老说弘征》）

何镇邦回忆说：在鲁迅文学院讲课时，汪曾祺"每次讲完课后，和当时鲁迅文学院的院长唐因一起喝点小酒。再到我办公室里喝点工夫茶，每次盘桓竟日，其乐融融也。有一次中午，他在食堂与唐因喝酒聊天，我睡了一个午觉下去，发现他们还在喝，还在聊"。(《怀念一位纯粹的文人——汪曾祺先生十周年祭》) 这两位老先生聊得那么长时间，想必是十分投机、十分愉悦的；然而，已经无法得知他们聊的是什么了，惜哉！

顺便说一下唐因，老先生在文坛上也是一位性情中人，如汪老夫子一样，很是可爱、可亲、可敬，也是特别好酒。他是"丁、陈反革命集团"案中陈企霞的学生，陈主编《文艺报》时，他为编辑，被视同为丁、陈之"喽啰"而下放东北，后落实政策。1984年，被任命为新成立的鲁迅文学院首任院长。杨葵曾与他共事数年，且录杨葵所记唐的两则趣事如下：

有一天我回家，刚进楼门，就听楼梯处传来踉踉跄跄的下楼脚步声。不一会儿，唐因出现在我眼前，披头散发，跌跌撞撞，脸上却是无比快活的神情。见到我，远远伸过手，使劲胡噜我的头发，哈哈狂笑，口中念念有词：哈哈毛头小伙儿！毛头小伙儿！好啊！毛头小伙儿。说完飘着就出了楼门。

后来得知，他那天读书，读出意外的大惊喜——几十年前，他在编辑稿件过程中曾经读到一句宋诗，当时查遍所有能找到的资料，未能找到出处。从那以后，这个疑惑就一直存在心上。那天偶然翻阅一本书，终于找到困惑了他几十年的答案，所以喜成那副癫狂模样。

唐因还有件重要的事，是看球。可能和当年被流放黑龙江有关，他喜欢看冰球比赛，电视凡有转播，必不放过。可他高度近视，看球过程中，不时需要趴到电视屏幕上找那只小小的球。有时趴在那儿也找不着，就纳闷地自言自语：球呢？球呢……有天正值有冰球赛转播，我从他家门口路过，听到屋子里唐因又在问：球呢？球呢？然后只听"喵"的一声，再然后唐因呵呵乐，跟猫对答道：哦，看到了，看到了。还是你眼尖。（杨葵《虎坊路甲十五号》，《过得去》，广西师范大学出版社2010年版）

第五章　朋友来了有好酒

　　胡适有一首白话诗写得很见其性情，诗云："清夜每自思，此身非吾有。一半属父母，一半属朋友。"（《朋友篇·寄怡荪经农》，见《胡适诗存》，人民文学出版社 1989 年版）老舍先生则云："因吃酒，我交了许多朋友——这是酒的最可爱处。"（老舍《戒酒》，见《老舍全集》十五卷，人民文学出版社 1999 年版）汪先生之好饮嗜酒，亦"一半为自己，一半为朋友"，"交了许多朋友"也。因吃酒，汪先生与朋友们交谊更为深厚，朋友们与汪先生共饮也久久难忘。

　　正如汪老女儿汪朝所说："爸喝酒不但喜欢自己喝，还喜欢劝人喝，来了脾性相投的朋友，是他兴致最高的时候。这时候，他总要避开妈的监视，在定量以外偷偷地多倒几次，被发现了，还一再声明：'半杯！半杯！'有时晚饭已经吃过了，汪朗的同学来了，爸也主动地拿来酒杯，力劝人家'喝一点'，还去弄个下酒菜。他自己不喝，看别人喝好像也很满意。"（汪朝《说说我们的爸》,《老头儿汪曾祺：我们眼中的父亲》)"八十年代末期，洋酒涌入中国，香港、台湾朋友来看爸，常投其所好带瓶洋酒，爸也很喜欢。不过平时舍不得喝，只有逢年过节家人聚齐了，或是来了朋友才开一瓶。"（同上）汪老夫子自己也说过："最大的乐趣还是看家人或客人吃得很高兴，盘盘见底。做菜的人一般吃菜很少。我的菜端上来之后，我只是每样尝两筷，然后就坐着抽烟、喝茶、喝酒。"（《文章杂事》，见《汪曾祺全集》第六卷）

早在北京市文联就把汪先生当兄长对待的邓友梅，"写文章虚心地听他（指汪曾祺）批评，读书诚恳地请他指导，连喝酒都照搬他的喝法"。邓友梅回忆道："曾祺家住东单三条，文联在霞公府。上下班经过王府井，路边有个小酒铺卖羊尾巴油炒麻豆腐。他下班路上常拐进去吃一碗麻豆腐，他约我去，由他付钱，麻豆腐之外每人还要二两酒。他并不劝酒，只是指着麻豆腐对我说：'光吃麻豆腐太腻，要润润喉。'说完就抿口酒。我亦步亦趋，吃一口麻豆腐润一下喉，没多久酒量就上了新台阶！"（《漫忆汪曾祺》）在《往事一瞥·偶访赤水·茅台》一文中，邓友梅提到："……茅台酒在北京商店里出现了，三万块旧币一瓶，那时的北京人还不认茅台，卖得不算红火。有天汪曾祺弄来一瓶，把我和林斤澜叫去共饮，我看茅台比二锅头贵许多倍，它好在哪里？汪曾祺讲解白酒有酱香、麴香、浓香的区别。酱香的代表就是茅台，是别处仿也仿不出来的，只此一家别无分号。我细品一下，果然有酱的香味。我说：'香味我品出来了，可你说只此一家我有所怀疑。我到过那地方，一路走去看见的酒坊就不止一家两家。'汪说：'只此一家,指的是茅台这地方,只有这地方的水、土和气温才能酿出这味道的酒,换个地方就做不出来了。'"(载蒋子龙主编《茅台故事365天》,作家出版社2009年版)"文革"后期,邓友梅恩准从东北一劳动改造处在春节回京探亲,汪先生得知十分高兴,"马上和斤澜联系,约我俩在一个晚上到他家聚会。他说:咱们别的不讲,久别重逢,饮酒祝贺!""那晚上曾祺郑重其事做了几个菜,有鸭子,有鱼,有扒肘子,都是我几年没吃过的东西,可他最得意的是一盘炒鸡蛋。你们知道吗,考厨师技术水平,就是要他炒鸡蛋。这玩意儿火大了不行,火小了也不行,老了嫩了都不及格。可那时我别的都吃不起,偶尔吃个鸡蛋还买得起,所以我仍埋头吃扒肘子。就在那天,我又喝到了多年没喝过的茅台,第一次感到茅台的酱香如此沁人肺腑,从此留下深刻印象。"(同上)

受汪曾祺影响喝酒的似不止邓友梅一人。河南作家段海峰也是在汪老"诱导"下成为饮者的。1992年的一个上午,他到汪老家去,"我去他家是冬天,外面很冷,进屋坐了一会儿,他见我不停搓手,说:'你要是冷,喝点酒吧,我这里有黄酒。'……我喝不来,就推辞,他还是劝:'酒喝点还是好,可以试试。'在他家我终于没试,回来后自己试,不试黄酒试白,结果现在我妻子总是抱怨我喝酒太多,瘾太大,我就说:'你找汪曾祺算账去!'"(见《签名本·汪曾祺》,刊《山高水长——张中行和那些老先生们的故事》,北方文艺出版社2011年版)后来,他还写了一篇《汪曾祺先生赠字》的文章,文章中谈赠字的并不多,倒是说到酒的却不少,下面抄录的是文章中的一节:

"不觉正午将近,我告辞。他挽留说:'在这儿吃午饭吧,我有黄酒。'汪曾祺的酒瘾素有盛名。在作协开会,他顿顿不能离酒,有时餐桌上喝不到,他就买酒回房间喝。有次两位青年作家去拜访他,带了3瓶浙江黄酒,汪曾祺当场开瓶温酒,三个人喝个精光。有时候手头没酒,他甚至喝家里的料酒。他老伴到做菜时见没了料酒,就问,他说,'我喝了。'后来有一回我在林斤澜家,不知怎么说着扯到汪曾祺,说汪先生的酒瘾,林斤澜抬脸看了看墙上的表,说:'这个时候,正是汪曾祺喝酒的时间。'汪曾祺不仅爱喝,酒量也大,所以有时难免微醺之后,再发展一步,就过量了。后来有一年的夏天,我给他打电话,是晚上8点以后,接电话的正是他。用耳朵判断,我知道他已过了微醺的界线了。说话舌头大,词语断断续续,而且还不时伴有'嗞嗞'和'哈哈'之音,不用说,他是一边听电话,一边还是不离杯中之物。"那一天,段海峰还是挺有收获的,尽管没有共饮,但相谈甚欢,汪老还即兴书赠了他一副嵌名联"学须无岸,海亦有峰",落款曰"一九九二年岁暮,汪曾祺"。同时并签名赠送他一本《蒲桥集》。段海峰说:"想起这本书我就想起酒。"

年轻作家、电影制片人卢相泰很喜欢汪曾祺的小说,对汪曾祺的《举舍一夕》尤感兴趣。"在北京,有一次,我俩一起吃豆花。吃着喝着,我指着那还剩不到半瓶的金州麦曲说:'要是牧羊人吃的'烧烤'下酒,恐怕就不是这'真香'了。听到这,汪老先是笑笑,继而不无调侃地说,《羊舍一夕》算是让你读透了。"(卢相泰《读〈羊舍一夕〉忆汪老》)

曾明了在鲁迅文学院学习的日子里,放假时,从北京回新疆,从新疆到北京,汪老都要在家里做几个菜为她送行和接风。她回忆说:"每当我从新疆回到北京,汪老必定要设宴接风。汪老总是说,远在天边哪,不容易。桌上的菜就有了改变,一盘自制的熏鸡,一碟流着黄油的高邮双黄蛋,还有一盘醉蟹。汪老把这些家乡菜一一夹到我的碗里,看着你吃,看你吃得馋吃得香,他就很高兴,说这些都是老家人捎来的,为数不多,品尝品尝而已。汪老很爱自己的家乡,从他许多的作品中可以看到他对家乡的眷恋之情,当他说到家乡的小吃时,目光中也是充满着深情。"(曾明了《童心永驻》)

汪先生招待年轻朋友总是离不开酒,最喜欢与他们在举杯把盏时古今中外地海侃神聊。尽管不少人当时只是刚入文坛或初露头角,甚至还是他的学生哩。

有一次,一位安徽的年轻女作家董煜和一位文友去拜访他,请汪老看看她写的小说、散文,由于董煜的父亲也在西南联大工学院读过书,当时与汪老交往颇深。汪老对董煜十分热情,不仅和董煜聊起了董父在昆明的往事,并认真地读了董煜的作品,还特地由汪夫人下厨执勺做菜,留下儿子汪朗帮衬与陪酒(汪朗本来是要去丈母娘家的)。董煜在回忆文章中写道:

"汪老问,你们喝不喝酒?我这什么酒都有的。……我便立即响应。我说汪老,您想喝啥我就陪您喝啥。汪老说,你们南方人喜欢黄酒,我们就喝黄酒吧。他从房里搬出一个小坛子,圆圆的,像个地雷。外面还黄黄的釉。他亲自搬着那地雷给我们倒酒,倒得咕嘟咕嘟的,还不让别人帮忙。酒杯是绿瓷做的,很不小,我估摸着,起码能装四两酒。可是一问,汪老却说,没有没有,只能装二两。正疑惑呢,汪夫人插话了,说把容量说得少一点,

他就可以多喝呗。满座皆笑。一杯一杯,稀里糊涂的,也不知喝了多少。"(《在汪曾祺先生家喝酒》)

山西的年轻作家乌人是汪老的忘年交,曾多次在一起喝酒,他有一篇《酒仙汪曾祺》的文章,文章中有汪先生喝酒的趣闻:"我是 1986 年认识汪先生的。那年 10 月 1 日,我第一次到汪先生家。在那以前,我已和汪先生有了整三年的书信来往。那天,汪先生亲自下厨,为我备了几样佳肴。入席前,汪先生对夫人说:'今天难得小宋(即宋志强,乌人是其笔名)来了,我就和小宋喝两口吧。'夫人就笑着对我说:'他身体有病!平时我是很少让他喝的。今天你来了,他挺高兴,你就陪他少喝点。'汪先生说:'小宋是煤矿出来的,煤矿出来的都能喝酒,你让少喝点,那不委屈了小宋吗?'我连忙解释说:'我开过颅,不敢多喝,但陪您喝几杯,那是完全可以的。不过,您身体有病,我也早有所耳闻,所以我觉得您还是少喝点好。'汪先生听后,便和夫人都很关切地询问我开颅的事,然后才一一入席。席上,汪先生和夫人分别坐在我两旁,一个劝我吃菜,一个劝我喝酒,不知不觉竟放倒了一瓶。这时,先生夫人说什么也不让喝了,汪先生才很痛苦地作罢了。"

作家刘亚伟 1988 年在鲁迅文学院听过汪曾祺讲的课,后来汪先生还给他和朋友们合出的小说集《江南江北》写过序。他回忆说:"先生当时住在北京崇文区蒲黄榆小区,生活极简朴,唯一的嗜好是酒,我每次登门拜访,最受欢迎的礼物是家乡出的孔府家酒。先生很幽默,记得有一次我陪家乡《时代文学》的漂亮的女编辑张东丽女士去先生家约稿,我为张女士做完介绍,刚刚坐下,只听先生笑曰：你们二位的名字有些意思。看着我们一脸的愕然，先生接着说：'东丽者，东方丽人也；亚伟者，亚洲伟人也。是不是？'说罢，先生为自己的新发现呵呵笑了起来。"（刘亚伟《汪曾祺为我改小说》）

作家阿城曾与张大春说起汪曾祺，他回忆说："八几年在京曾访汪曾祺，很亲切和善的老人，进门落座先问他要喝什么酒……"（菌柠博客《日夕望君抱琴至——聆听大春》）

汪曾祺去世十周年之际，《广州日报》记者吴波采访作家曹乃谦。其中有这样一段对话：

广州日报：您和他交往过程的故事中，哪一件事让您难忘怀？

曹乃谦：我老是借出差的机会去看望他老人家。那是个炎热的夏天。我刚理了个光头没几天，头上的汗不打一处往下爬。一进他家门，他给我从冰箱里拿出瓶啤酒，"嘭"地启开，他取杯的当中，我举起瓶吹喇叭，他说："呛着！呛着！"说着拉过瓶把酒给我倒在杯里。后又出了他的那间小屋，一会返进来，递给我一块凉凉的湿毛巾。十四年前我的爸爸就去世了，在汪老跟前，我总能感受到那种久违了的父爱。

广州日报：能说说汪老给您赠画的过程吗？

曹乃谦：我去了他家，他总要留我吃饭，这幅画儿是饭前画的，我记得很清楚，那天他说："今儿有点稀罕的吃的。"是台湾腊肠。他喝的是白酒，我喝的啤酒。

饭后在画儿上题的字"槐花小院静无人"……我把我的书房就称作"槐花书屋"。

作家野莽曾不无幽默地说过：找汪老约稿，"最见效的是派女孩登门，怀里抱一瓶酒，手中又持了我的介绍信，小嘴巴说出一些好听的甜言蜜语，那一趟当然是不会白跑的"。（见《汪老在1997》，载《此情可待》，地震出版社2014年版）当然，此乃极言之，意在渲染汪老之"好色"与好酒耳。我曾亲见两位女编辑向汪老约稿，即未抱酒，亦未有甜言蜜语，汪老不仅热忱接待，承诺给稿，而且还赠送她们墨宝了哩。也诚如野莽所言："汪老一生都是布衣，不帮不派，无官无权，也不用文学去敲哪里的门。他的家里设备朴旧，除了半壁书橱，一方写字画画兼写文章的案台，再有就是一对腿子有毛病的木头沙发，胖点的客人坐上去得小心别塌了，汪老自己坐着没有问题，因为他是个瘦老头。他自己买菜，自己做饭，出门坐公共汽车，回家用钢笔在稿纸上写字。但他也奢侈，他的奢侈在烟酒茶上，柜子里总是装着别人送来的名烟名酒……"（同上）

时为《羊城晚报》编辑胡区区回忆说："上世纪八十年代中，我到北京约稿，初次趋府拜候汪曾祺先生。……自此以后，汪老便同我们编辑部建立了联系，不时寄来他的文章。我们请他为一些专版题字，他也欣然应允。我只要到北京，必定去探望他们夫妇俩，与他们聊天是件很愉快的事。汪先生好酒，有次他留我吃饭，摸出两瓶酒——红酒和白酒，问我：'喝红的还是喝白的？'我说：'您呢？'他瞟了一眼旁边的夫人，说：'我喝红的。'汪夫人说：

'别装了,趁我不在,老偷着下楼买白酒,别以为我不知道。'她继续向我'投诉',原来汪老的肝脏不太好,医生禁止他喝酒。俗话说,你有张良计,我有过墙梯。汪老趁家里没人的时候,便偷偷去买酒喝。他万没想到,商店服务员早就成'间谍'了。"(胡区区《找汪曾祺先生约稿》)

1988年,作家郁文在中国社科院文学研究所进修,由林斤澜介绍去拜访汪先生。一起去的还有同学尹振球,"汪先生正在吃晚饭,独自饮酒,非要我们一块喝点。我一再推辞:'真喝过了!'他有点遗憾,说:'我的文章不及我的菜,我是个美食家。'"(郁文《一个深情的爱国者——追忆著名作家汪曾祺先生》)

作家何志云也在汪老家喝过酒,不过,喝的是绍兴酒。在此之前,他们已经在浙江桐庐共饮过绍兴酒了。那天,何志云"拎着一条草鱼去了他家(指汪老家),还约上了林斤澜先生。汪曾祺亲自在厨房里准备了几个菜等我们,到得尝过了我的葱油鱼,他说:'比我预想得强多了,确实精彩。'我们则心安理得地大吃他用千里迢迢从云南背回来的酸笋做的酸笋炒肉,喝他女儿辛辛苦苦从大连拎回家的坛装绍兴酒,一个个酒酣耳热后昂然离去。"(何志云《有一个汪曾祺》,载《你好汪曾祺》,山东画报出版社2007年版)

1991年至1996年之间,笔者因有公务,几乎每年都要到北京去,有时一年能去几次。公事之余,总要尽量去汪府拜望汪先生。"为了不麻烦汪老,一般我都是在早饭后或午饭后到他家。有时谈得时间长了,汪老就会留饭,往往是他亲自择菜、掌勺。菜不多,总是清淡的,但必有酒佐之。那时,汪老身体好,汪师母并不怎么劝阻他喝,甚至还说:"实秋,陪汪老多喝一点。"后来,汪老查出一些病,汪师母当然对他喝酒就加以限制了。"(《自怡留痕集》,南京出版社2003年版)

陆建华先生是汪老的同乡、忘年交,也是《汪曾祺传》的作者、《汪曾祺文集》的编者;汪老第一次回乡,就是以他为主策划促成的。他每次到汪老家,几乎都要与汪老对饮小酌一番。他在一篇文章中说:"一次,我去京到他家看望,他照旧自己动手做了几个小菜留我便饭。菜上桌后,他说:'建华,医生让我少喝酒,你自个儿喝,我不陪了。'夫人施松卿说:'对对对,建华今后帮助监督他。'但当夫人转身去房间的刹那间,他却迅速端起我的酒杯,啜了一口。这时,施老从房间出来了,疑惑地看了看汪老。心虚的汪老赶忙向着我没话找话说。施老心知肚明,却不说破。就在这时,两位老人交换一下眼神,那眼神中真是包涵千言万语,一个是劝阻无效的无奈,一个是偷饮成功的近乎童真的顽皮,直令一旁看着的我眼眶发潮,感动不已。"(《往往醉后……》,《爱是一束花》,江苏文艺出版社2010年版)

作家何镇邦与汪先生都曾在鲁迅文学院任教,两人很谈得来,他又住在北京,于是到汪老家喝酒次数特多。下面是他回忆中的一些往事:

"1990年春节前夕,我提前去他府上拜节,几位朋友在一起,喝了起来,他立即下厨房,不久端上来一盘香肠炒菜薹,原料是武汉红菜薹,朋友刚送来的。这种菜薹,在武汉是很一般的,到了北京就成了名贵的菜,加上名家烹制,大家都赞不绝口。"(何镇邦《汪曾祺二三事》)

"一九九二年国庆节刚过，秋阳高照，秋风高爽之时，我在鲁迅文学院办公室接到汪师母的电话，邀我同他们所关心的青年作家一起到他们家吃饭。……开席之前，汪老破例发表了一段'祝酒词'……"

"一九九六年十月下旬，也是国庆节过后的秋日，上午十时左右，在亚运村的家中接到汪老打来的电话，他高兴地说，早上出去遛早，在菜市场买到一个很棒的大牛肚。中午准备吃爆肚，已经约了林斤澜，要我也赶去共进午餐，共吃爆肚。……一进门，爆肚已出锅了，香喷喷盛在一个大盘子里……还有四碟菜，当然还有酒，汪、林二老一起吃饭，无酒哪儿成？"（何镇邦《望云斋谈之三：说不尽的汪曾祺》）

1996年元宵节，是汪先生的76岁生日。作家何镇邦、张晴等人专程去汪老家为他庆生。由于是新居尚未通上煤气，汪先生准备了一桌凉菜。"两位老人都很开心，大家也都觉得心里暖暖的。席间，汪老几次忍不住想喝点长城干白，几次都像顽童似的用调皮的眼神儿看着汪夫人。起初，汪夫人装作不动声色。过了一会儿，终于忍不住说：'那你就喝上一杯吧！'话音刚落，汪老就迫不及待地将两手一拱说：'感谢皇恩浩荡！'顿时，染着大家笑出声来。"（张晴《汪曾祺：那美文一样的美食》）

"铁杆汪迷"苏北有好几篇文章谈到了汪老的一些酒事："1996年中国文联开会，汪先生住在京西宾馆，我和一帮朋友去看他。他房间敞开着，人不在，房间大桌子上有笔墨和宣纸，茶几上有一瓶洋酒，过一会，汪先生醺醺地回来了，一看就喝多了。这样的会议，他被一群年轻人哄着，依他的性情，还不喝多了！

汪先生见我们来，招呼我们坐，嘴里含含糊糊，话已说不清楚。可他还是指着那瓶洋酒，说，喝点酒，喝点酒。见我们没动，他还几次要起来亲自为我们斟上，于是我们只有弄茶杯倒，边喝边聊了。"（《我最喜欢的是徐青藤——忆汪曾祺先生》）苏北还说，汪先生一家"对青年人十分友好和爱护。师母身体好时，我们每次去都能有些收获：喝点好酒，或者吃个开心的菜，或得一幅字画什么的。记得有一次去，先生家湖南吉首的一瓶酒（包装由黄永玉设计）给我们喝，席间先生说老人有三乐：一曰喝酒，二曰穿破衣裳，三曰无事可做。"（《一汪情深：回忆汪曾祺先生》，上海远东出版社2009年版）三乐之首者，喝酒耳。老少对酌，忘年共饮，乐在其中也！

苏北他们几个年轻人在汪老家痛饮的次数很多。我曾问过苏北，苏北说：那太多啦，每次都是十分快活，十分尽兴。

苏北在1993年12月24日的日记中也记载过一些，比如："五点同龙冬到汪先生家。苏州的徐卓人也在。之后汪朗、汪朝回。晚上在汪先生家吃晚饭，菜不多，记得有煮干丝、咖喱牛肉。酒：人头马和白兰地。……晚上，汪先生喝了不少白兰地。"（《时光与心灵》，合肥工业大学出版社2016年版）

徐卓人2011年12月12日博客《但愿人长久》一文，记叙了汪老一个令人动容、使人难忘的故事。博文中说：

很早就有这样的愿望，让我的两位恩师见一面。

这次的机缘十分好。我文学的启蒙老师卢群获"当代文学奖"，赴北京领奖，而汪曾祺又是发奖会邀请的作家代表。我呢，赶巧在北京办事，这样，我的两位恩师就见面了。

两位恩师乍一见面，便如故友，说起来，卢群也该算晚辈，而曾祺先生一向的平等风格，瞬息之间就让彼此觉得亲切。

曾祺先生招待客人，问卢群吃什么酒。卢群毫不迟疑地说：喝白酒。曾祺先生好开心，当下告诉我，他这个人很坦率，我问他喝什么酒，他说，白酒！

于是曾祺先生拿出白酒来，不想他在那儿搜索了一阵，捧出一瓶茅台来。卢群推辞不喝，说要别的酒。曾祺先生认真着脸色问：就是说，要次一点的？曾祺先生的反问带着固执，也带着责备，问得卢群真成了小辈，不得不依他的。

其实，曾祺先生中午的酒还未褪，他明白，所以刚下座，他就叮咛卢群，我中午喝的也不少，你尽兴。卢群把茅台摆在自己的手边，给曾祺先生斟，曾祺先生几次都是吱溜一声下肚，也不吃菜，惹得师母和我为他担忧。曾祺先生却十分高兴，接着中午的酒意，神思已有点飘逸……

我从没见过曾祺先生的神容是这样灿烂，而卢群黢黑的脸也掩饰不住兴奋的酒意，他自己将酒瓶的盖子封上了，曾祺先生把酒瓶拿来放在耳边晃了晃，说，还有这一半，也是你的！

曾祺先生念念不忘这"一半"，发奖会上还叮嘱卢群两遍：还有半瓶茅台，你什么时候来喝？

就在发奖活动结束后的星期天，卢群果然信守诺言，跑去将那半瓶茅台喝了。其实曾祺先生又打开了一瓶半斤装的茅台，他说，那一瓶，我是喝了点的，言下之意，是为了弥补那一瓶的不足。

徐卓人在 2011 年 4 月 25 日博客《酒逢知己·顽皮一日》的博文中，描述了一次几个年轻人在汪府喝酒的一段往事，十分有趣，十分传神，笔者实在舍不得删节，好在不长，干脆全文给抄了下来，从中我们可以真切地感到，他们在汪曾祺家喝酒是多么的快活，那老头儿是多么的可爱！

那一次我们几个青年人在他那里共饮。中国青年出版社的龙冬进门就嚷嚷，要把曾祺先生藏的一瓶正宗法国威士忌喝掉。

先喝的是中国酒，兴头上来了，曾祺先生在屋里搜索了一阵，果然捧出了一瓶法国威士忌。商标全是法文，认不得。酒却极浓，让人垂涎。启开瓶盖，大家就欢呼，我们胜利啦！

喝威士忌必需兑水。兑的水恰到好处，威士忌便会溢出一种特殊芳香。师母早取过了一个凉杯来，那里盛着凉开水，兑多少水？二七？还是四六？拿不准，只能利用模糊概念。

于是，倒酒、兑水、品尝，大家乱叫：真的香了！

又互相交流，难免又出水平的高低来，曾祺先生稳住神，自个儿在杯中兑水，说罢，不先喝，又稳稳地嗅一口，两眼尽是光芒："来了！"

"来了！"指的是威士忌的味儿来了，喝一口，曾祺先生一胳膊横在椅靠上，十分的得意……

师母总替先生把着关，到了七八成，师母就呼"曾祺"，这是个煞车符号。先生很自觉，就不喝了。偏偏电话铃响起来。师母背过身去接电话。龙冬何等样机灵，顺手拿起一边的酒瓶儿，远远将瓶颈伸到对面的酒杯里。见先生杯中又有了威士忌，我立马举起边上的凉杯，迅捷地给先生杯中兑水，先生眼神雀跃，两手抱拳，朝我拱了两拱，又猛地白了师母的背影一眼，大家缩着头笑。待师母放置电话回过头来，一切已经结束。当然，这绝不是天衣无缝，师母回头坐下，其实一眼就发现她时时当心着的那个杯中又有了酒，但师母不说，只朝我笑笑，于是大家也笑笑，只当无事，又齐齐地举起杯来。

香港作家古剑也是汪老的忘年交，虽然他们相交时间不长，却很投缘。1991年10月，古剑随香港作家团访问北京、西安等五城市。在北京时，他特意抽时间去看汪先生。"正好那时报社老板送了瓶很好的XO，我知道他（指汪老）喜欢喝酒，送他最合适，就带到北京上蒲黄渝去送给他。他却说'受之有愧'。"汪老去世后多年，有一次汪朝告诉古剑：那瓶酒还在，古剑"知道了很伤感"。（古剑《汪曾祺的信底温情》，《笺注：二十作家书简》，

河南文艺出版社 2015 年版）

　　1995 年，古剑随香港作家团访问北京，好不容易推了个饭局，专程去蒲黄榆路看望汪曾祺，尽管那时汪先生因肝有病，医生和夫人都不让他喝酒了，他还是拿出金牌女儿红，和古剑各喝了一小杯，并特地做了干丝、炒牛肝菌佐酒，他见古剑吃得津津有味，高兴地说："这牛肝菌是云南朋友送的，拿有特色的东西招呼朋友才有意思。"（古剑《汪曾祺赠书小记》，《永远的汪曾祺》，上海远东出版社 2008 年版）汪明说得好："爸对一些有才华的青年人，爸不仅爱护，有时简直就是充满了父爱。他写大量的文章，评价他们的作品，赞赏他们的才华。这些人来我们家，不拘礼节，随随便便，有的一来二去，就成了不请自到的常客。"（《往事杂忆》，《我们的老头汪曾祺》，时代国际出版有限公司 2010 年版）而客人来了有好酒，酒使他们和汪老更加亲近、更为融和。但是，也有极个别的意外。居然有在汪老家喝多了撒酒疯的。此事汪老从未说过，只是汪朝在《谈谈我们的爸》中才透露过这样一位"醉鬼"："有个小伙子，想要写一篇访谈式的文章。本乎谈吐、举止都很正常。谁知酒一下肚，全然失态。时而提着爸的名字大喊大叫，时而咄咄逼人地要爸回答他的问题；一会儿要吃饭，一会儿要吃面，闹得不可开交。和他一起来的两个同学不知所措，十分尴尬。天已晚了，他闹着怎么也不肯走，两个同学只好把他强拖出去。爸和妈也不以为怪。妈像看热闹似的笑，爸大概看多了各种醉态，没有多说什么，只是觉得很累。"

　　汪先生只要觉得身体还可以，就会想方设法找理由与朋友多喝酒，例如："1993 年夏天，台湾报人陈国祥先生来北京，慕名想见一见汪老。我请陈国祥在家吃点便饭，约了几个朋友作陪。我打电话把情况告诉了汪老。我的意思是，或者他一起来，或者吃完饭我再陪陈国祥去看他。他说：你们费那个劲干什么？我去，还可以和其他人聚一聚。他执意坐公共汽车来，不料到了朝阳医院，突然下起了大雷雨，他没带伞，一时又搞不清我家的方位了，在屋檐下躲了好半天，不得已给我打电话求援，结果是另一位朋友带伞去把他接过来。因为年龄和身体的原因，那时他开始节制喝酒了，那天却多喝了几杯。我劝阻他，他却说：我都淋湿了，喝点酒驱驱寒。我还有什么话可说？""有一年陈国祥在汪老家过除夕，喝酒喝得兴起，怎么劝都不行，到后半夜了，汪老吩咐儿子把早已酩酊大醉、神志不清的陈国祥送回了酒店。据说那晚陈国祥连床都没上，就在地毯上蜷缩了一夜了事。我在杭州过完春节回北京，汪老说起此事，说，这个陈国祥，怎么这么喝酒，你有机会劝劝他。陈国祥则对我说：在汪老家喝酒真痛快！"引文中的我，是何志云，曾任浙江艺术职业学院院长、教授，上文是摘自他《赤子其人》文章中一段话，原载1997年第8期《北京文学》。陈国祥的话，许多人都有同感。在汪先生家喝酒，真是一种享受，一种高级享受，既有美食可餐，佳酒可品，更有妙言入耳，温情入心！

台湾作家、画家蒋勋，在美国爱荷华"国际写作计划"活动期间，与汪老住的门对门，彼此志趣相投，相处融洽。有一年到北京去看望汪老，他知道汪老好酒善饮，但想到汪先生的年龄、身体，忆起汪老在美国醉后的状况，就没有带酒去。"我决定不带酒去看他，他看我空手，跑进书房，拿了一瓶老包装的茅台，他说:'这是沈从文老师送我的酒,四十年了,舍不得喝,今天,喝了!'不多久,曾祺先生肝癌过世,我拿出他送我的极空灵的《墨蝶图》斗方,自斟自饮喝了一回。

1988年,聂华苓和安格尔访问中国,汪先生特地准备了一席菜请他们夫妇。聂华苓吃得很开心,最后端起大碗,连煮干丝的汤也喝得光光的。汪先生特地写到了一个细节:"安格尔那天也很高兴,因为我还有一瓶伯尔本,他到大陆,老是茅台酒、五粮液,他喝不惯。我给他斟酒时,他又找到机会亮了他的唯一的一句中国话:'够了!太够了!'"(《遥寄爱荷华——怀念聂华苓和保罗·安格尔》,《汪曾祺全集》第五卷)

一次,高邮的朱延庆带了两坛醉蟹去,汪曾祺很高兴。平日舍不得吃。一天来了一位台湾作家,汪先生特地开坛弄了几只出来招待客人,那位台湾作家感叹地说:多少年没吃到了,实在开心!

作家姚育明回忆说:"我后来又去过几次他的家,见他喝酒一次比一次少,原来老太太不想让老头血压升高,喝酒已作为禁忌。有一回汪曾祺笑着说:镇江一个作者不断托人捎来香醋,我喝得都不好意思了,不就是给你的稿提提意见吗?也不知喝了人家多少醋,如果是酒就好了。汪夫人插嘴说:多喝醋没关系,酒得限量。但他有一绝,每次来客人,他都要请示夫人:今天客人上门,喝点酒吧?夫人只好开恩,但亲自监督,不准超过限度。"(《闲说汪曾祺》,《你好汪曾祺》,山东画报出版社2007年版)姚育明一次在他家喝酒,那时,汪先生已经限量了。闲聊时,汪先生取出一本《汪曾祺散文随笔集》,书的封面画着一个葫芦,里面有个抱着双膝而坐的老头,汪先生指着画说:"瞧,他们把我装到酒葫芦里去了。"姚育明觉得他"话里有些自得,表情也带些隐隐的满足"。(同上)汪曾祺所指的那幅画,记得是上海画家谢春彦画的,别有意趣。其实,人家把他誉为酒仙,他不仅认可,真的还有几分得意呢。

正如野莽所描述的那样,汪老家里"柜子里总是装着别人送来的名烟名酒,还有绝对上品的名茶。送的人全无行贿之嫌,无非都是他的学生,崇拜他的学问,敬重他的人品,读他的小说有味,听他聊天快活得很"。(《汪老在1997》,《此情可待》,地震出版社2014年版)不过,笔者还是补充一下,送他酒的人,还有他的朋友,还有一些想求他字画的人。比如:邵燕祥给他送过酒,阿城给他送过湘西凤凰产的酒。一位名"豆苗妈"的网友在博客《我尊敬的老前辈——汪曾祺、萧乾》中写道:"我送了老先生一瓶酒、一瓶咖啡,老先生高兴得像孩子。"刘亚伟也在博客中说:"我每次登门拜访,最受欢迎的礼物是家乡出的孔府家酒。"(《我的老师汪曾祺》)"1990年夏天得了胆囊炎,只好禁酒了,这一禁禁得真彻底。有位朋友送我一瓶名酒,准备转赠于他,打电话问他,他却说不能喝了,只好改送葡萄酒。"(何镇邦《汪曾祺二三事》)笔者也给汪老送过酒。我在2003年写的《琐忆汪老》中说了这件事:"记得有一次,我与高邮宣传部的朱宣同志在北京办完事后,想起来要去拜望汪老。快到汪老家时,就近在附近一商店买了两瓶洋河酒和四瓶扬州酱菜去。汪老一看就皱眉头说:'你们在北京买这个给我干什么?'我们说:'家乡的东西,尝尝吧。'汪老笑了,说:'你们这是在北京XX店买的,他们扎东西都是这样,我常常在那里买东西。'我们不禁也笑了。"

当然,人家送他酒,他也有酒送别人的。有一次,他在鲁迅文学院的学生张国华去汪府,带了家乡生产的洞庭银针鱼(白小)和湘莲给汪老,临辞行时,汪老夫妇"捧出五只小巧玲珑盒装的日本彩瓷酒杯和一个彩色胶卷"送给了张国华,"还拿出日本酒和一些食品"要他带回去,张国华借口"不沾酒,故推辞了酒和食品"。(张国华《我的老师汪曾祺》,民主与建设出版社2015年版)

龙冬和王明义也给汪老送过酒,不过,那送去的酒又给他们给喝了。此事见龙冬《汪曾祺先生》。龙冬记得很简洁:

"我同安徽青年作家王明义去拜访汪曾祺。去的路上,我们买了三瓶浙江黄酒和一纸包花生米。'哎呀,你们外行了,这是料酒,做菜用的。'他接过酒。'我不懂,我没喝过这种酒。'王明义说。'你,你不是天长人嘛,怎么没喝过?''我们那里不大卖这东西。''汪先生,这也能喝。我家的料酒,我有时就喝。'我说。'那倒是,我知道能喝。家里的料酒,有时一到做菜就没了。我爱人问,我说我喝了。'汪曾祺说着笑了。'怎么,喝不喝?喝,我就热去。''喝。'我说。我们聊天、喝酒、抽烟、热酒、抽烟,喝酒,再热酒,聊天。最后,三瓶酒差不多光了。汪曾祺问王明义,'喝出味来了吗?''还好。''还好。'汪曾祺说,'天长人今天学会喝酒了。'"(龙冬《汪曾祺先生》,刊《你好汪曾祺》,山东画报出版社2007年版)

龙冬告诉笔者,他到汪老家去吃酒,带酒去很少,且是一般的酒而已,但在他家却喝得不少,大都是好酒、名酒;辞行时,汪老、汪师母往往还要硬要他带一瓶酒回家去喝，有一次竟然带回了一瓶人头马——那昂贵的洋酒哦！

汪曾祺于《说短》中说："我牺牲了一些字，赢得的是文体的峻洁。"借用这句话的句式，汪先生于酒则是：牺牲了一些精力，赢得的是精神的愉悦和朋友的情谊。

汪先生逝世十周年之际，林斤澜在2007年5月18日的"汪曾祺研讨会"上深情地说："我常常觉得这个人好像还活着，我在梦中醒来，正在等我去品酒，还在门后边等我去神聊……"他的话，形象地说出了与汪先生曾一起浅斟深泻过朋友们的心声。

第六章　酒逢乡亲格外亲

汪老好酒，曾祺善饮，自汪先生回故乡之后，许多家乡人都知道了"酒仙"汪曾祺——他不仅是大作家：《沙家浜》的作者，《受戒》的作者，《大淖记事》的作者；他还是一位大饮者：陶渊明式的饮者，李太白式的饮者，苏东坡式的饮者。多少年过去，家乡人还津津乐道地传说着他在高邮喝酒的趣事，闲聊起和他在一起小酌时的情景，还有他在高邮酒后写的诗文……

1981年，汪先生第一次回到阔别几十年的故乡。故乡的父母官十分重视此事。县委一班人特地宴请汪曾祺，县委书记查长银先代表县委向汪曾祺敬酒。他说："汪老，欢迎你经常回乡走走，更希望你关心家乡的社会主义事业，祝你健康，多写好作品为高邮人民争光。"随后，其他县领导也一一向汪曾祺敬酒，家乡父母官的真情令汪曾祺十分感动，他举起酒杯诚恳地说："曾祺乃一介书生，对家乡没有什么贡献。谢谢各位领导的盛情。别的不敢说，今后，有关家乡的文化建设事业，有用得着我的地方，只

管提出，我当尽绵薄之力。"（陆建华《汪曾祺传》，江苏文艺出版社1997年版）

　　这次回乡，汪先生专门安排时间去看望了他上幼稚园（现在叫幼儿园）的老师王文英。上幼稚园时，汪先生很小，母亲又刚去世，王老师对这个还戴着孝的汪曾祺充满了母爱，十分关心，让汪先生一直铭记在心。尽管在家乡活动很多，时间很紧，汪先生不仅从北京带来一点果脯，还专门为王老师写了一首诗送去。王老师万分感动，他对丈夫张道仁说："我教过那么多学生，长大了，还没有一个来看过我的！""第二天，张先生带着两瓶酒到招待所来看我，我说哪有老师来看学生的道理，还带了酒！张先生说，是王先生一定要他送来的。说王先生看了我的诗，哭了一晚上。"（汪曾祺《师恩母爱》，刊《汪曾祺全集》第六卷）金家渝告诉笔者说，这一个月里，汪先生是天天喝酒，有时还一天喝两顿；不过，大多量不大的，然而一次在妹婿赵怀义家，汪曾祺酒喝得多，话也说得多，饭后挥毫的书画也多。金家渝说，那天，来的亲戚多，汪老兴致特高，一吃过饭就摊开文房四宝了，写了一张又一张，画了一幅又一幅，以至汪老本人也感到累了，金家渝在旁帮助收拾整理，虽然感到心疼，但也没有办法，直到大家尽兴方罢。在高邮期间，他不知喝了多少美酒，挥洒了多少字画。一天，他的亲戚"带了两瓶老酒去，一看望他，二求他的墨宝。老人来了兴致，行书写就两首诗给他"。（汪泰《记忆是朵五彩的云——关于汪曾祺的一些回忆》）

　　赵怀义的儿子当时是奉父命专门负责陪汪老的，称汪曾祺为大舅。他对那天的情景记忆尤深。那次赵怀义办了四桌酒，几乎把汪曾祺的亲戚都请来了。10月10日下午,赵怀义便去县第一招待所去接汪老,一路上,汪老向赵怀义"问这问那,兴致很高"。"大舅进了大门,我父亲就迎了上来。大舅一看家里有不少人在忙这忙那,对着我父亲叫了起来:'赵怀义,你搞什么名堂?兴师动众的!'我父亲回答说:'这么多年了,这才难得地回来一次,请你来家中坐坐,喝杯酒,没有别的意思。'一听喝酒,大舅兴奋了起来,指着我父亲:'那次在北京,你可喝多了,你还记得吗?摔了一大跤!'"(编者按,汪先生说的是1955年秋,赵怀义在汪曾祺家酒多喝了两杯,在上公交车时,一脚踩空,摔了一跤。)酒桌上,和亲戚们叙旧事,唠家常,"酒不断地斟,菜不断地上,席上的气氛也越来越热烈"。但谈及汪老父亲去世时的状况,"大舅默默地听我叙说,眼中已经含满了泪水。见状我连忙改换话题。"在几个小时的把盏推杯中,亲戚们东一句西一句地谈到了《岁寒三友》,又说到当时米店里的一些事情……大家说得兴致勃勃,听得津津有味;正如赵怀义所说的那样:"一场家宴,始终洋溢着亲情、乡情,洋溢着轻松的气氛。大舅那天喝了多少酒,真没法估计。大舅一直很高兴,所有到场的人也都度过了一个愉快的夜晚。"(上引自赵怀义2016年11月9日给编者的手稿复印件)

一开始,除家里人、亲戚和少数同学外,并没有多少人晓得汪老好酒;幸好,有一位萧维琪知道。1981年,汪老第一次回邮,还兼带有一个任务——要写一写关于高邮水利的报告文学,那是《人民日报》向他约稿的。那时,萧维琪在水利局工作,且对今昔高邮的水利建设十分熟悉,又爱好文学,水利局领导安排他陪同汪老到几个公社进行实地勘察,真是再合适不过了。汪老回乡刚踏上高邮的热土，萧维琪是和汪老的家人一起到车站迎候汪先生的。他知道汪老善饮，每到一处用餐，他都要当地备酒招待，汪老与当地基层干部、水利工作人员边喝边聊，闲聊中了解到了不少第一手资料；而当地基层干部、水利工作人员与这样一位大作家无拘无束地碰杯共饮，也格外高兴。真是酒逢乡亲千杯少，说到水利话更多。

萧维琪还颇为得意地和我谈过一件事。他说，汪老有一篇文章和他有关，或者说，是由他而引起的。他说的是这样一件事：有一次萧维琪与同事到汪老家，汪老留饭，炒了几个菜，并与萧维琪小酌了几杯。菜中有一盘苦瓜，萧维琪从来没有吃过，感到很奇怪。于是，汪老遂写了一篇文章，并借题发挥，抨击了文坛流弊。文题曰"苦瓜是瓜吗？"这文章我看过，但不知道其中的由来。我把文章找来一看，果然看到了"蛛丝马迹"——汪先生说："前天有两个同乡因事到北京，来看我，吃饭的时候，有一盘炒苦瓜。同乡之一问：'这是什么？'我告诉他是苦瓜。他说：'我倒要尝尝。'夹了一小片入口：'乖乖！真苦啊！——这个东西能吃？为什么要吃这种东西？'"哈！汪先生文章中的"同乡之一"，则是维琪兄也。

史善成，曾任高邮的副县长，分管农业、水利。1981年汪老第一次回乡时，汪先生曾去高邮的川青公社参观农田水利建设，留下深刻印象，那时，史善成是川青的党委书记。1991年秋，县里招待汪曾祺。席间，汪先生特地斟满了一杯酒，站起来动情地对史善成说："史县长，父母官，高邮保住大堤，就保住了里下河几千万人民的生命，你们功不可没，我敬你一杯！"（史善成《随和的汪老》）晚餐后，汪先生又撰书了一帧条幅送给史善成，文曰：

良苗亦怀新；
素心常如故。

　　款曰：善成同志正。一九九一年汪曾祺

　　1994年6月14日，时任市统战部长的朱维宁正在南京学习，突然接到陆建华的电话，说汪老已到南京，当天下午于江苏省戏剧学校有个活动，嘱其即去。朱先生深情地回忆了那天的情况："我很快地赶到，与汪先生握手相见后，他高兴地拉着我的手说：'趁光线尚可先留影吧。'座谈会后，移至一个小巧雅致的活动室，说老乡们也该联欢一下，于是我们几个人边抽烟喝茶边闲谈趣议，天文地理，古今中外，无所不及，又开心又轻松。晚餐酒后，汪老乘着酒兴挥洒了二十余幅书画，就在该收场之际，他叫声'且慢'，他说自己首次回乡是亏我帮助，要写幅字感谢一下。他略一思索，便笔走龙蛇，那明珠般的二十八个大字跃然于纸上：皓首穷经眼欲枯，自甘寂寞探龙珠。清芬谁继王家学，此福高邮世所无。夜深了，外边的楼宇早已不见灯光和人影，四处静悄悄的。我起身告辞，刚跨入车内，他轻轻敲着挡风玻璃：'老朱！不送了，后会有期。'我急忙伸出胳膊紧握他的手：'下次在家乡高邮相会！'他微笑地点头。我万万没有料到，这一别竟成为汪曾祺先生与我的永别啊！"

　　朱维宁还说：那天"晚餐时他喝了许多酒，夜间又干脆倒满玻璃杯以酒代茶，不用佐菜干喝，看着的人不免惊疑，他呢？

却出奇地轻松痛快。""那夜，他来了兴致，一口气挥洒二十多张，均具不同常人的构思和妙句，他选出其中最惬意的两幅，特地赠给《梦故乡》专题片中扮演《受戒》里小英子的女学员，余皆有求必应了。"（朱维宁《难忘那个夜》，见《闲情集》，时代文艺出版社2006年版）也就在那晚，汪老乘酒兴还为江苏省戏剧学校题写了校名，并题词曰：小荷才露尖尖角，待看繁华满绿洲。同时，还为时为江苏省戏剧学校的副校长刘德萊撰书了一副对联：

藏龟未失；
遗泽长留。

联中所谓之"藏龟"，指清末文学家、收藏家、古文字学家刘鹗所著之甲骨文专著《铁云藏龟》。龟者，指刻有甲骨文的龟板也。而之所以联中提及此事，盖刘德萊乃刘鹗之孙女耳。应学校负责人之请，汪老还额外为上海戏剧学校建校40周年撰书了贺词：

檀板四十犹不惑；
桃李三万岂嫌多。

1994年6月初，高邮市委、市政府在北京地矿招待所举办了一次高邮籍在京人士联谊会，市领导特地邀请汪老与会，汪老高兴地答应了。"饭后，老人面色酡然，步履踉跄，并没有急于离开，主动与散于各处的熟人和工作人员——老人几次回过家乡,已是有些朋友和熟人的——打招呼。有人拉他题字留念,他欣然应从,不摆名人架子。"引文见尤泽勇《三见汪老》,文章发表于2012年10月20日《新民晚报》。尤泽勇是参加了那次会议的,当时任市人大常委会副主任。那天,汪老还为高邮市委、市政府写了字,写的是隶体,文曰"神珠焕彩,水国新猷";为市委书记朱福生写了一个条幅,内容是《梦故乡》电视专题片中的主题歌词。

"汪老信笔所至,字体浑敦舒放,笔法飞扬灵动,墨迹饱满华滋,将歌词前两节录下。汪老对身边人说,书法也讲究意气,时间再宽一点,应该把歌词的四节全写下来。"(陈其昌《汪曾祺为家乡书记挥毫》,刊《烟柳秦邮》,江苏文艺出版社2010年版)

那天酒后,汪先生还给汪云写了字。汪云,高邮人,是我国的第二批女飞行员,曾接送周恩来、朱德、邓小平、叶剑英、宋庆龄等党和国家领导人以及朝鲜金日成主席、刚果(金)蒙博托总统等外国元首,1982年被授予"社会主义精神文明先进个人标兵",是空军标兵中唯一的女性。朱延庆有一篇文章记叙了那天为汪云题字的情景。晚餐以后,"早已有人准备了纸墨笔砚,请汪曾祺题字。汪曾祺文名很大,书名、画名也很大,到会的除了高邮的领导、在京的高邮籍人士外,还邀请了有关国家部委的领导。汪曾祺微醺后动笔了,有一位高权重者求字,汪老只是朝他望了一眼,未写,倒是特地为汪云写了一幅:

久有凌云志；
常怀恋土情。

　　落款时，汪曾祺还特别写上"赠宗妹汪云"。这幅字中，"常""情"尤其写得大，且笔画重。正如朱延庆所言："这既是汪曾祺对这位宗妹的希望，也是他心迹的艺术表露。汪曾祺重情，汪曾祺常常思恋家乡之情如同多年陈酒，愈老愈烈，愈老愈浓，愈老愈醇。"（朱延庆《蓝天上的高云——记中国第二批女飞行员汪云》，载《三立集续集》，大众文艺出版社2006年版）

　　1996年10月，朱延庆去北京办事，办完公事，专门用了半天时间去拜访汪老。"一见面，汪老就高兴地说：'我给你画了一幅画，一幅墨菊，五年前回乡时在高邮公园见到的。……那幅墨菊，汪老用的是小写意，绿菊用绿色，花心用黄色，花叶颇法自然，很有层次感，花茎随风意略弯曲，旁边有一株爆杖红陪衬，色彩对比强烈。题词是：绿菊是高邮培养的新品，五年前重回高邮故乡，在公园中见一本花如九寸盘大，极难得。赠延庆，丙子秋深，我年七十六岁矣。丙子十月，汪曾祺，闲章是'珠湖百姓'。"

　　朱延庆还回忆了那天在汪老家小酌的情景。他说："汪老留我午餐，我怕打扰他，拟请他到附近的饭店小酌，他执意不肯。他说我请你吃炒羊肉片，我说我不吃羊肉；他又说，湖南的朋友刚送来的腊肉，味道好。小保姆很快做好了几只菜。汪老一年多不喝白酒了，以前肝部不好住过院。他知道我喝点白酒，倒了一小杯给我，自己饮葡萄酒，他吃菜、吃饭均不多，不时搛腊肉给我。我们边吃边聊天。"餐后，还应朱延庆之请，为朱即将出版的散文集《三立集》题写了书名，横式、竖式各写了一帧。

那天餐后，他们又畅谈了近三个小时，汪老仍谈兴正浓。朱延庆回忆说："我提醒他午睡一下，他同意了。他说，他身体很好，每天下午四时左右，有一位中年按摩师照经络系统为他按摩。告别时，他充满信心地望着我：朱延庆，我会活得很久！我暗自为他祝福。他坚持一定要把我送到电梯口，目送我离开那座楼。那睿智的、深沉的、慈祥的、挚爱的、惜别的目光，几个月后竟成了我的永恒的记忆。"（《京城揖别汪曾祺》）

时任市文联驻会副主席的陈其昌曾几次参与了接待汪老的活动，他回忆了一次陪餐喝酒的趣事说：1991年，汪曾祺回乡食宿都在北海大酒店。一时间领导接待、同学相邀、亲友聚会，宴请频繁得很。"汪先生的夫人施老师对他饮酒十分节制，即使喝一点，最好也是低度的。那次我们在汪先生房间看他在美国拍照片，谈起汪先生与西方女士拍的休闲照，气氛融和，乘兴问及中午喝什么酒，施老师说'不喝'，汪先生脱口说'再说'。步入小餐厅时，汪先生像老小孩似的说，和施老师无须当面顶，入席大家一劝酒也就由不得她了。酒，低度的不喝。那次是徐桂福（编者注：时为市文化局局长）先生请客，喝五粮液。入席后的汪先生果真'由不得她了'，喝得面色酡然……"（见陈其昌《汪家大院纪事》，载《烟柳秦邮》，江苏文艺出版社2010年版）

下榻北海大酒店期间，时为大酒店总经理的姜传宏热情接待，周到安排，有时还陪汪老喝两盅，汪老很是满意，应邀为大酒店题写了店名，并为大酒店写了一首五言诗《北海谣——题北海大酒店》。全诗如下：

家近傅公桥，未闻有北海。
突兀见此屋，远视东塔矮。
开轩揖嘉宾，风月何须买。
翠釜罗鳊白，金盘进紫蟹。
酒酣挂帆去，珠湖云霭霭。

知情者言，回北京后，汪老特地用宣纸写了好几幅，他觉得比较满意的还是一次酒后所写那一张。后来，酒店将此诗镌刻于迎宾室，并定做了若干把印有此诗墨迹的折扇，赠送给在酒店住宿、就餐的宾客，一时在高邮广为传播，蔚为佳话。一把印有汪老此诗的扇子，成了抢手货，也成了时尚品；而于今，大概也成了"文物"矣！

在北海大酒店期间，汪老还为一位叫李玲的前台服务员撰书了一副嵌名诗：

何物最玲珑；
李花初折侯。

还为服务长陈明画了一只可爱的猫，那天可能是酒喝得太多了，最后有了败笔，汪老便把画揉成一团摔了，说以后补画给你。汪老不食言，离高邮前，果然画了一幅送给陈明。而那幅被汪老丢弃了的画，聪明的陈明却悄悄地捡了起来，带了回家，因陈明的爱人喜欢画画，那汪老的画，他怎么能扔掉呢，败笔不败笔，才不管哩！

汪老在北海大酒店共住了七天。姜传宏虽不善饮，但每餐都忘不了给汪老备酒，向汪老敬酒。汪老总是那么兴致勃勃地与之就着酒菜侃美食。汪先生很欣赏姜传宏的厨艺，尤其是他研制的"姜氏葱酱肉"。汪老内行地说，这葱酱肉与苏州的腐乳烧肉异曲同工，高邮用的是家乡黄豆酱，则别有风味。姜传宏还搞了多种有乡土特色的豆腐菜给汪老品尝，汪老对其中的鸭血汪豆腐屡加称赞。说姜传宏真是个大厨。但这个大厨也有小"缺点"。在一次小姜向他敬酒时，他举杯幽默地对姜传宏说："你为总经理的大厨，不喝酒是遗憾的！"

在北海大酒店期间，时任商业局长的陈林宽不时来看望他，并细心地安排好汪老的用车，还陪汪老去亲戚家走走。当时，陈林宽四十多岁，姜传宏才三十四岁，汪老对他们的热忱和干练颇为欣赏。临别之前，汪老特地书赠姜传宏一张横幅，上书"调鼎和羹"四个大字，为陈林宽撰书了一副嵌名联：有雨丛林茂，无私天地宽。

时任高邮市政协办公室主任的杨杰，也得到了汪老的一幅墨宝。那次接待汪老，杨杰是全程陪同的，陪汪老喝了不少酒，但他从未开口向汪老求过一幅字、一张画。不要以为汪老酒喝多了迷糊，大大咧咧的，但有的事情上却很清楚，很细心，哪怕是一点点小事，也有数得很。在离开北海大酒店前一天晚上，汪老酒饱饭足，特地拉着杨杰说：走，写幅字给你。他们两人进了房，关了门。汪老挥毫写了一幅《虎头鲨歌》，写好后，汪老颇有自得地看了一过，对杨杰说，好久没有写正楷了，现在看来，还可以写写，还不错。兴头上，汪老又拉汪师母进来欣赏一番，得意地问汪师母："怎么样？我的正楷还可以吧！"杨杰心里想，今天这个酒真是喝得恰到好处也，要是再喝多点点，那正楷字大概就写不成啰。

北海大酒店的菜尽管相当不错，也合汪老味口，但吃多了，接着吃，也难免败味。况且，住在北海，来访的人太多，求字画的更多，搞得汪老难得清静一会，适时休息。为了换换味口，也和家人多聚聚，汪曾祺有时便推掉一些饭局到妹婿金家渝家里吃饭，菜不要多，清淡即可，当然，酒是要抿两口的。金家渝一般就是弄些家中常备菜，什么炒鸡蛋、炝大蒜、花生米、煮小鱼什么的。每一次汪老都吃得津津有味，喝得兴致勃勃。有一次朱延庆到金家渝家去，汪老正乐滋滋地品尝着酒。朱延庆一看，那下酒菜竟是冻豆腐小鱼也！

汪老的同乡徐克明也写过汪先生几次回高邮的情景，有一段是写汪老回老家喝酒的状况："他喝起酒来并不讲究，荡百叶、盐水毛豆、界首茶干、醉虾，四样头最好，剥花生米，喝酒，说笑，喝得痛快淋漓。最后再来一碗高邮光面，吃罢，'肚里不想，嘴里还想吃'。活脱像个老孩子。"（《汪曾祺回故乡》）

笔者于2003年在《琐忆汪老》一文中也写到过当时的一些印象。1981年"汪老在邮时，住在县里的招待所，我的家离招待所很近，早晚常去那儿聊聊。有两件小事至今犹有印象：一是他每天早上都要用电须刀刮胡子、照着镜子，很认真；刮过一遍、两遍，还要用手再仔细搜索一番，若有遗漏，再补充刮刮。二是房间里似乎到处可见酒瓶子，有空酒瓶，也有实酒瓶，桌上有，小橱里也有，偶尔墙角也有，当然那是空瓶子。我没有见过他抛过一个酒瓶出去。那时，他喝酒是相当豪爽的，大有一醉千盅之气概。"（金实秋《自怡留痕集》，南京出版社 2003 年版）

汪海珊是汪先生的同父异母小弟，遭遇坎坷：与乃兄一样，海珊亦好酒。在高邮期间，汪先生先后给海珊写了两副楹联，两联都涉及酒。1993 年，汪曾祺书赠一联给汪海珊，联文为：

断送一生唯有；
清除万虑无过。

汪老此联系从韩愈、黄庭坚诗词变化而成。

断送一生唯有酒，寻思百计不如闲。
莫忧世事兼身事，须著人间比梦间。

这是唐代诗人韩愈的一首诗，题曰"远兴"。宋代诗人黄庭坚在《西江月》一词中截取了其中两句，并作了"改造"，词云：

断送一生唯有，破除万事无过。远山横黛蘸秋波，不饮旁人笑我。　　花病等闲瘦弱，春愁无处遮拦。杯行到手莫留残，不道月斜人散。

此前汪老曾撰书一联给海珊：

金罂密贮封缸酒；
　　玉树双开迟桂花。

此联撰书于1991年，联中题款为：海珊浅斟低唱，大哥曾祺。

两联虽皆言酒，但其蕴涵却不相同。1981年，汪先生声誉正隆，身体亦好，逢酒必痛饮，每饮求尽兴；而1993年时，汪先生"已禁浮三白"矣。

1991年汪先生还给扬州的"同乡"写过字。那年9月，汪曾祺与夫人施松卿第三次回故乡高邮。10月7日，他们至南京途中于扬州小憩半日，扬州市政协予以热情接待，主人的盛情，合味的美食，使汪曾祺颇为兴奋。酒后，汪先生抻纸挥毫，留下了五幅墨宝分赠主人。

赠扬州市政协主席符宗乾的是：

　　喜二十四桥明月，桥下长流，不须骑鹤，便在扬州。

赠扬州市政协副主席黄扬的是：

　　城外栽花城内柳，怕风狂雨骤，万家哀乐，都在心头。

赠扬州市政协秘书长黄石盘的是：

　　二十四桥明月，二十三万人口，知否知否，不是旧日扬州。　二分明月，四面杨柳，拚得此生终不悔，长住扬州。

赠扬州市政协行政科长许雪峰的是一副嵌名联：

明月照积雪；
猛雨暗高峰。

还书赠扬州市政协一联：

风和嫩绿柳；
雨润小红蕖。

当时在扬州任人大副主任的马家鼎也参与了接待活动，他后来回忆说："我则是在他1991年由高邮回京路过扬州时，与其相见的。汪曾祺嗜酒爱烟。几杯老酒下肚，话匣子自然打开。"（马家鼎《汪曾祺的文品、画品与人品》）那天，汪老向马家鼎谈了不少自己童年在高邮的事儿，还谈了一些自己祖辈、父辈的事。盖马先生是家乡人也。酒逢乡亲格外亲，自古依然啊。

汪曾祺称扬州人亦为同乡。因高邮古属扬州，如今在行政区划上亦属扬州，而扬州则属江苏。因此，汪老将扬州人、江苏人都视为同乡。

成汉飙是江苏海门人，擅长小说创作，荣获过"十月文学奖"和"庄重文文学奖"。他还擅长书法，并荣获过中国书协举办的中国书坛新人作品奖、首届中国书法兰亭奖。他于1985年在鲁迅文学院学习时，聆听过汪先生的课，很敬重钦佩汪先生。后来，成汉飙要出版《成汉飙书法集》，想请汪先生作序，特登汪府相求。成汉飙一想起那天的情景就激动。他说："汪先生不仅应请欣然为之作序，还因为同是江苏老乡，先生拿出家乡老瓶双沟酒邀我共酌，说：'诗酒一家，书酒一家，没酒哪来诗书？'"不久，汪老就为这位江苏老乡写了序，盛赞"成君长于书法，故小说有文化味；能写小说，故书法雅致，无职业书法家的市井俗气，可谓难能"。

江苏作家徐卓人1990年也曾在鲁迅文学院聆听过汪老讲课，不久，汪老应请为她的小说《你先去彼岸》写了序，并介绍徐卓人加入中国作家协会。她对在汪老家的一次晚餐记忆尤深："曾祺先生为我准备了一顿难以忘怀的晚餐。其中有两个菜是曾祺先生的得意之作，一个是咖喱牛腩汤，一个是煮干丝。……就在曾祺先生家的餐桌上，我认认真真端着酒杯，敬了先生，也敬了师母。"（徐卓人《我的恩师汪曾祺》）

在鲁迅文学院，南通去的谢静与汪老也有过接触，并曾在汪老家吃过他做的菜，小酌一番。"当他（指汪老）听说我是江苏来的，就称我小老乡。"谢静回忆说："在汪先生家做客，八宝糯米鸭招待我们……汪先生的酒也喝得有品位。斟满大半盅，先嗅其香，然后抿上一口。我见汪先生兴致很高的样子，劝他多喝两盅。他说，不敢讲话和痛苦得不能解脱的人，才借酒力。豪饮不合于我。他接着说，美食是为肉体（口、胃）准备的，而酒是精神的需要。我喝酒，主要是品做酒的水，这是最本质的。然后品质是否醇厚，这是功力问题。汪先生从不喝应酬酒。他乐在'亦师亦友'之间碰杯，饮得'欲醺未醺'之际最佳。他说，太醉近昏，太醒近散。汪先生的酒道是哲学意义上的一种体悟。人生何尝不是如此！"（《汪曾祺给我们讲课》）

汪老还给金坛作家沈成嵩散文集《洮湖短笛》题写过书名，并先后赠手书七绝一首，国画一幅。七绝为先生之旧作，诗云："鲫香脆鳝味无伦，酒重百花清且醇。六十年来余一恨，不曾拼死吃河豚。"金坛与江阴是近邻，同属苏南地区。汪先生曾在江阴南菁中学读高中，品尝过那里的特产百花酒。几十年过去了，百花酒的醇香还贮藏在心中。那天，汪老送沈成嵩的画是一幅《梅花图》，题曰："老梅独枝发新花。"汪老对沈成嵩说："你六十岁写散文，其志可嘉，这算是为你鼓劲吧！"（《酒重百花清且醇》）

姜威在连云港曾接待过汪先生。他回忆说，1983年12月初，汪先生应邀到连云港市给市文协会的会员们讲课，讲课之余参观了港口和著名的花果山。参观回来时天快黑了。姜威便说：

"到寒舍吃点便饭吧？"

其实到"一招"吃晚饭还来得及，只是敝人早有"预谋"，很想请他到寒舍聊聊，以"家宴"的方式在文学上吃点"小灶"。

"行，走！"

徒步中，作家忽指着马路边菜摊上的菜："今晚别的不要，就这个好。"

噢，狗肉！

便宜，那时一斤才两块来钱。既然点了，想必是"味"

有独钟,于是切上二斤。这样汪老就到寒舍了。谁说"廉颇老矣"?只见作家开怀畅饮,端的是"大块大块吃肉",边吃还作品评:不赖,不赖,这里的狗肉比北京铺子做得好。

过后才知,汪曾祺曾被老伴戏称为"狗肉爱好者",写作之余常拿狗肉下酒。(姜威《汪曾祺做客寒舍》)

这一次,汪先生玩得很开心,喝得也尽兴。对连云港留下了美好的印象,写了一首七绝:刻舟胶柱真多事,传说何妨姑妄言。满纸荒唐西游记,人间仙境花果山。

1995年5月,连云港的张道凡曾去汪老家,为的是请汪老为《连云港日报》题字(题字为"海隅文光")。"那天临别时,将近中午,汪老留我们吃饭。我们拒绝了。"(张道凡《凝固的5·16——汪曾祺逝世一周年祭》)所谓"吃饭",其实就是"吃酒"的代词,张先生失去了一次与汪先生对酌的机会。

为了拍摄电视文学片《梦故乡》,江苏电视台的同志专程到北京蒲黄榆汪府现场采访、拍摄。电视台的编导景国真在《初访汪曾祺——电视文学片〈梦故乡〉拍摄散记》中,也说了有关汪老喝酒的事。那天,汪老留他们吃晚饭,亲自下厨掌勺忙活了一阵子。

"汪师母说:'老头子今天是真高兴,你们让他去忙吧。'在这书房兼客厅的地方,又临时架起了一张方桌,现在要称这里是餐厅了,汪老端上来一大砂锅放了印度咖喱粉的土豆烧牛肉,对我们强调这是正宗的印度菜。来了客人自然要喝酒,汪师母一再叮嘱汪老少喝点酒，今晚要看稿子的。师母向我们说，汪老酒喝多了，你们电视片的稿子就看不成了。我们自然很关心他对文学本的意见，就主动提出我们多喝点，他少喝点。"

酒逢同乡格外亲。汪老不仅在故乡与同乡一起共酌时倍加亲切，在他乡偶遇同乡也感到分外高兴。

江苏作家黄蓓佳说："初识汪曾祺老人，在1986年上海金山国际笔会上，其时汪老的《受戒》《异秉》《大淖纪事》几个短篇绝唱已经被人广为传颂，他笑眯眯一副安之若素的样子，大杯喝酒，大口吃肉，酒席撤下便就着餐桌铺纸研墨，对于索要字画者有求必应，每写完一幅总是摇头晃脑，自赏不已，全不似与会的其他名家把'弦'绷得很紧，生怕得不到别人足够的赞誉。那年我三十出头，是笔会上小字辈的人物，汪老给我的字幅上却称我为'蓓佳乡兄'，令我受宠若惊。"

浙江的一位记者说过这样一件事："有一次，汪老来杭州参加一个什么会议。其间，他被许多人包围着。我在采访他时，无意中听到门外有人说：让记者快点，等一下还要让汪老给某某写字画画哩。某某某自然是个'长官'。……许多日子之后，我在一位绍兴作家杜文和的书房里见到汪老的一幅书法，便将此事说给他听。老杜大笑说：'就是那天，汪老听出我是他的同乡，忽然主动地说：我送你一幅字，总比给某某某写好玩。这老头真有意思。'"汪老参加的这个会，是1995年浙江省作协召开的"吴越风情小说研讨会"。杜文和时为绍兴市文联副主席，著有长篇小说《寻魂》、电视剧本《鲁迅与许广平》、散文集《醉乡绍兴》等。他是扬州人，所以，汪曾祺也称杜文和为"同乡"了。那天，汪老送给杜文和的是一副楹联，文曰：

人情若野草；
诗味似茴香。

这副联虽是临时撰就，却堪称工妙。"野草"者，取自白居易"野火烧不尽，春风吹又生"之义，且杜文和又是绍兴《野草》文学杂志的副主编。"茴香"者，江南之草本植物也，香味浓郁，喻杜文和作品之优秀。此联于临别之际，书赠同乡，情韵俱胜也。

汪老和家乡人的最后一次聚会，大概是1997年1月4日的那次晚餐了。那天，高邮建筑业人士在京洽谈业务，时任高邮东墩乡党委书记刘俊久闻汪老大名，特地委托萧维琪邀约汪老与会一聚。应邀来聚会的多为高邮籍人士，其中有一位在中央机关任职，此类活动他一概不参加。但在电话中听萧维琪说汪老也来，马上改口说，他一定来，而且还要带夫人一起来见见汪老。那天晚上，雪下得还不小，但客人们届时都来了，俗话说，隔行如隔山，虽说都是高邮人，但在北京见上一面也是不容易的。不少人就是想借机和汪老见见面的。那天汪老精神很好，谈笑风生，白酒喝的不少，他是名人，又是长者。席间每个人都一一向他敬了酒，他都笑眯眯地喝了。餐后，每人都要求与汪老合影，二十多人轮流拍照，汪老还是那句老话："我都成了道具了！"在与二十多人合影的人中，有一位不是客人，是一位临时在饭店实习的中专生。大家在用餐时，一位饭店的服务员听说主、客都是高邮人，就说了一句"我们饭店里也有高邮人哩"。汪老听了，就说："要她也来嘛!"那个小姑娘长得很秀气,也颇有灵气,汪老一看就喜欢,不但邀之同桌共餐,后来还单独合影,小姑娘简直是高兴死了。

1992年10月,高邮人何才庆在《光明日报》工作期间,曾去拜望过汪老,汪老高兴地和他谈了高邮的一些情况,还送了他一幅题为"故乡秋色"的画。1994年12月,汪先生又亲笔题赠了一套江苏文艺出版社出版的《汪曾祺文集》给他。1997年1月4日在公主坟新兴宾馆聚会,就是他开车和萧维琪一起到虎坊桥去接汪老的。他在《别了,汪老曾祺先生》一文中是这样简述当时的情景的:

> 当天晚上,因为汪老的光临,这次准备并不充分的聚会增色不少。大家纷纷向汪老敬酒、敬烟,祝他老人家健康长寿。汪老则表现出对同乡们热切的关怀,一双智慧的眼光落到每一位年轻人的身上。

第七章　乘兴挥毫一快事

汪老的子女们说过:"父亲没有什么业余爱好,写作之余,挥毫泼墨,写字作画,是他的娱乐和休息。他生性潇洒,不拘小节。游踪所至,总有许多朋友求他作画写字,他很慷慨,有求必应。尤其是喝了几杯之后。无论高官显要,还是平民百姓,他都一视同仁。即便画了得意的、他自认为比较好的画,有人要,他也毫不吝啬,随口答应。"(汪朗、汪明、汪朝《一点说明》,《汪曾祺书画集》自印本,2000年版)

汪老自己也坦言:"人活着,就得有点兴致。我不会下棋,不爱打扑克、打麻将,偶尔喝了两杯酒,一时兴起,便裁出一张宣纸,随意画两笔。所画多是'芳春'——对生活的喜悦。"(《书画自娱》,《汪曾祺全集》第五卷)

在《书画自娱》《题丁聪画我》两首诗文中,夫子自道云:

我有一好处,平生不整人。

写作颇勤快，人间送小温。
或时有佳兴，伸纸画芳春。
草花随目见，鱼鸟略似真。
唯求俗可耐，宁计故为新。
只可自怡悦，不堪持赠君。
君若亦欢喜，携归尽一樽。

（《书画自娱》，《汪曾祺全集》第五卷）

我年七十四，已是日平西。
何为尚碌碌，不妨且徐徐。
酒边泼墨画，茶后打油诗。
偶亦写序跋，为人作嫁衣。
生涯只如此，不叹食无鱼。
亦有蹙眉处，问君何所思？

（《题丁聪画我》，《汪曾祺全集》第八卷）

汪先生喜欢酒后挥毫，或边喝酒，边写字画画。他认为："书家往往于酒后写字，就是因为酒后精神松弛，没有负担，较易放得开。相传王羲之的《兰亭序》是醉后所写。苏东坡说要'酒气拂拂从指间出'，才能写好字。"（《写字》，《汪曾祺全集》第五卷）在大理，汪先生为主人写了一副对联：

苍山负雪；
洱海流云。

他说："那天喝了一点酒，字写得飞扬霸悍，亦是快事。"（《自得其乐》，《汪曾祺全集》第五卷）对此汪先生很得意。1968年12月17日临晚，汪先生画了一幅画，画好后，又抄录了一段朱熹的话："朱文公云，山谷诗云：对客挥毫秦少游……"于落款时，汪公特地注曰："初雪黄昏酒后，曾祺。"（《汪曾祺书画集》自印本，2000年版）

汪先生似乎特别喜欢如此。

有一年的2月1日，他在给朱德熙的信中说："吕先生（笔者按，指吕叔湘）要我写字，久未能应。今晚酒后，画了一幅酷似八大山人的画，即于空白处录旧作一首，觉得意境颇为配称……"（《汪曾祺全集》第八卷）

一次，云南的屠燮昌受保山文联主席之托，赴京请汪先生为重建保山"文笔塔"写副对联。屠燮昌打趣说："……您可得写好点，不要像我们才认识那年您写给我的那幅一样，随便打发。我实在有点瞧不上。"汪老却说："……谁叫你那天不给我准备点酒呢！那早上写给某某你们几个人的几幅字，倒是我也不满意。"（屠燮昌《怀念汪曾祺》）

作家萌娘回忆说：有一次汪老送了一幅白描的水仙图给她，汪公颇有几分自得地对萌娘说："这是一次喝酒后画的。你看，那叶子有几分醉意是不是？我一直没舍得送人。"（萌娘《苍茫时刻》）

书法家林岫有一天与汪先生闲聊，曾问汪曾祺："如何创作易得书画佳作？"答："自家顺眼的，都是佳作。若有好酒助兴，情绪饱满，写美妙诗文，通常挥毫即得。若电话打扰，俗客叩门，

扫兴败兴,纵古墨佳纸,也一幅不成。"(林岫《汪曾祺的书与画》)

中国的书画家似乎与酒有不解之缘。不少文人书画家都好酒善饮,且酒后书画,天机微妙,独具神韵,令人惊叹。如唐吴道子之"每欲挥毫,必须酣饮";宋苏东坡之"醉时吐出胸中墨";元高克恭之"尚书醉后妙无敌";明徐青藤之"小白连浮三十杯,指尖浩气响春雷",唐伯虎之"欲得伯虎画一幅,须费兰陵酒千盅";清书法家李正华之"将临池必饮酒,无日不临池,也无日不醉酒也。微醺时作书,益淋漓酣畅,笔墨飞舞"。即现代文坛而言,亦不乏其人。如画家钟灵,他曾不无自豪地说:"特别是画兴一起,左手擎杯,时而小啜,右腕挥毫,'下笔有神'。神者,酒神也。她常常为你助兴,帮你创造出意外的神韵。……进入微醺状态,就会平添许多勇气,敢于突破成法或者说由法升华为无法,不再受什么清规戒律的束缚,更能把自己的真情意境抒发出来。"(钟灵《举杯常无忌,下笔如有神》,载吴祖光编《解忧集》)

赵丹,也是个酒仙,最爱喝酒。一挥毫作画,就喊:"来酒!"(胡思丹《酒搭起的一座桥梁》,载吴祖光编《解忧集》)

漫画家方成与钟灵,几十年间,他们既是画坛知交,也是酒场好友。在一起边画画边喝酒的情景,是他们生活中的令人陶醉的回忆,也是朋友圈子里流传甚广的趣谈。兹举方成文章中一例为证:"1986年,我们两人为《邓拓诗文集》这本书画封面。他起了个草稿赶来,两人商议改画加工。饭后天已全黑,画是明天必须交稿的,时间紧迫,他却说:'喝两杯再动手。'我说:'喝得晕头转向,可画不好。'他说:'一分酒一分精神,没事!'我只好让他喝两杯,接着还要再添一杯。"不过,钟老爷子也许没有汪先生之酒量,他喝完酒后却醉了,"溜到地上,躺下了"。方成只好把他扶到床上,自己动手改画。(方成《借题话旧》,载吴祖光编《解忧集》)

傅抱石边喝酒边作画的故事也是人们所津津乐道的。那年傅抱石在北京人民大会堂与关山月合作《江山如此多娇》巨幅国画。一手执笔,一手持壶,画上几笔,啜上几口,分外来神畅意。有一日忽壶空无酒,顿时仿佛泄了元气,萎了精神。周恩来闻知他酒力不济,特派专人给傅先生送去好酒,一时传为美谈。

还有温文尔雅的启功先生。有一次他应邀参加江苏的一个品酒会。会前,他说:"今天只喝酒,不写字。"不料三杯下肚,启先生诗兴勃勃,灵感迸发,顺手取过笔墨,挥毫写下一首诗:

　　一啜汤沟酿,千秋骨尚香。
　　遥知东海客,日夜醉斯川。

此诗书后,先生意犹未尽。一边继续品酒,一边酝酿斟酌,不一会,他便又撰书一首七绝:

　　嘉宾未饮已醺醺,况食天浆出灌南。
　　今夕老饕欣一饱,不徒过瘾且疗馋。

下面,我们就来"点击""回看"一下汪老在各地的酒后挥毫的"实录""侧记"吧。

那一年汪老在安徽黄山脚下屯溪参加《清明》办刊十周年活

动。晚餐酒后,"汪老应邀到了宾馆的画室,兴致勃勃地为求字画的人写着画着。我怕老人累了,中途几次劝他休息,但是递上名单的人数是那么多,他说一定要完成任务,直挥毫到差不多一点才休息。那一天凡是开口的服务员全都得到了汪老的墨宝。"(李平易《八九年秋天,陪汪曾祺先生来徽州》)

在1991年7月的泰山笔会上,汪先生在酒后也尽兴地挥洒着水墨。得知湖南的女作家叶梦也善饮,主办方特地请叶梦陪汪老。叶梦回忆说:"一次,我从宾馆的一间厅里穿过,被正在写字的汪老叫住了,他让我帮他弄点酒来。他说只有喝了酒,字才写得好。汪老还让我陪他喝酒,很小的酒盅,喝一杯写一幅字。当时我没有劝汪老少喝,反而听命陪他喝。就这样喝着喝着就写完了一大叠字。当年在泰山得了汪老的字的人,现在拿出来只怕还喷着酒气。"(叶梦《我所认识的汪曾祺先生》)

作家毕玉堂那时在泰山风景区管理委员会工作,几乎一直陪同汪老等一行人。他的《汪曾祺在泰山》(刊《行者歌于途》,中国文联出版社2000年版)中,也提到了那天的情景。他说:"一天晚饭后,他铺毡叠纸,一管毛笔从晚十时挥洒至凌晨一时不曾释手。我清楚地记得他为湖南女作家叶梦横竖写了四幅《湘西寻梦》的题签,竟和叶梦连干八杯。他送我的'狂呼日珥,静写兰心'的对联,自然也少不了两杯酒的。"

正如毕玉堂所言,汪老"正常的宴会并不多喝酒,不好把握的是那些酒外酒。吟诗作画泼洒墨宝,酒在他可就没了准头"。"因为汪老在诗、酒、纸、墨面前往往暴露出他天真的童心和冲动的血性,全然忘记自己是一个年逾古稀之人。"(同上)

尽管只有几句话，就已经透露出汪老在这三个小时内酒兴、雅兴是何其浓也；至于究竟干了多少杯，写了多少字，估计毕玉堂不知道，那汪先生、叶梦可能也不完全有数，反正汪先生是尽兴了也！汪先生自己也写了在泰山喝酒写字的事，但只有这样两段话："我们在山上喝啤酒，有时开了一瓶，没喝完，就扔下了，往后可不能这样，这瓶酒来之不易。""写了两个晚上的字。"（《泰山片石》，《汪曾祺全集》第五卷）

徐城北一度与汪先生过从甚密，在好几篇文章中，徐先生都说到了汪老的酒事。"在《大连日报》举行的笔会上，亲眼看见他晚饭上就喝了不少酒，一小时后，笔会主办方又拉他写字绘画，告诉他'有特好的酒'，他果真就去了。他拉我陪同一起去，我当然遵命。他右手拿笔，左手忽而插在裤子口袋里，忽儿又拿起画案上边的一个酒杯。两个小时后，满满一瓶子名牌白酒基本上下去了，他也画了20多张画。我站在他身后，眼看着左一杯接着右一杯；同时也看见左一张接着右一张。幸亏我眼疾手快，把这20张中最好的两三张截留给自己了。我从没看见过汪先生也如此喝酒，也是头一回看见汪是如此不节制地喝酒。于是从此之后，我就信服了林斤澜的那句话：'汪的文章是靠酒泡出来的。'"（徐城北《想起了汪曾祺、陈从周》）

"大约是1995年暑期，全国各地的十来位文化人，一起去大连参加一个笔会。汪先生年岁最大，最年轻的可能是我。他真能喝酒，午饭喝，晚饭喝，晚饭后请他写字绘画从不推辞，只是要有好的白酒'作陪'，同时又把苏叔阳和我拽上。他习惯把左手放在裤兜里，右手拿毛笔，宣纸下边有张报纸就行。但酒瓶和酒杯则也放在右边，等停笔打量画儿的时候，就右手把酒杯端起，一边抿一边品。他一晚上可以飞快画上几十幅，但也要喝上一斤左右的白酒。"（徐城北《汪曾祺的遗愿》）

徐城北在其他文章中也提到了这个"汪老特色"。徐城北说："他作画的姿态十分潇洒，右手持笔，左手插在裤兜中，或者拈着一支香烟若有所思，任凭围观而熟视无睹。画累了，他会要人备酒，白酒一晚上能喝半斤，或还多。喝了酒就长精神，能一口气作许多幅画，写许多幅字。"（《忆汪曾祺》，载《你好汪曾祺》，山东画报出版社 2007 年版）

苏叔阳也清清楚楚地记得当时的情景，他在《迟到的谢忱——悼汪曾祺先生》一文中写道："那天晚上，曾祺先生挥毫作书作画，有求必应。特别对几位曾在鲁迅文学院进修过的年轻人更是慷慨之至，书画并送，直至深夜。他也让我和城北一齐'练字'。这可苦煞了我，只好陪伴。"（载《燃烧着是美丽的》，时代文艺出版社 2007 年版）

有时，在饭桌上吃饭吃得好好的，酒喝得好好的，汪老还会拿起笔画张画。徐卓人就碰到过一次，那次是为了她停下酒杯作画的。"那次吃饭，先生、师母、他们的孙女卉卉，还有我，饭间师母夸了我一句：小说写得不错。这使我愁上心头，我说我的灵性不够，太笨，真的，很笨，这么说了两三遍，先生忽然不作一声到书房去，才两口酒功夫，出来了，两手提着一幅画，仍不说一句话，只把眼亮亮地看着我。我见画的是一株梅，上边停着一只羽毛未丰的鸟，旁题：'笨鸟先飞，卓人屡屡称自己很笨，画此以赠。'我看一眼先生，依然是炯炯两眼。我忽然读出这眼光：

笨鸟何妨？先飞不就成了？是的，愁什么愁？我笑了，大家都笑了，笑得很惬意。内蕴的乐观！"（徐卓人《汪曾祺大写意》）

　　作家崔普权说："汪老还是一位地道的现代派画家。他作画一手挥毫泼墨，一手夹着长长的雪茄，一派大家风度。他作画都在晚上，而且必须喝酒。他说喝酒才来灵感，喝了酒才不拘谨。""他一次喝二三两最适宜，喝到三四两话就多了。天南海北，今古奇观，民俗掌故，特产方物无所不包，对在座的人来说，简直是一种享受。倘再敬他酒，他还喝，不拗。这时施老太就过来劝阻：'曾祺不能喝了，喝多了，伤身体。'于是大家再也不敬了。"（崔普权《也馋》，人民日报出版社2015年版）

　　酒后，汪曾祺特别愿意写字作画送人。可能是1988年吧，汪曾祺应邀到大同面授，在离开大同的那天中午，大同市文联宴请，汪先生喝了不少酒；晚上，又应请到乌人家去喝酒。乌人写道："饭后回到市里，汪先生说：'今天我很高兴，去取笔墨来，我给你们每人作幅画。'取来笔墨，汪先生把宣纸铺在桌子上，略一沉吟，便挥毫为当时在场的六七位文友，泼墨似的为每个人作了一幅画。"（乌人《我和汪老的忘年交》）

　　汪曾祺还在弘征家喝过酒写过字。弘征是位诗人，书画家，曾任湖南文艺出版社社长、总编辑，湖南省作协副主席。沈从文先生到湖南，他曾陪侍左右。1982年秋，弘征请汪先生来湖南为《芙蓉》文学讲习班学员讲学。汪先生来了，弘征便将他请到家中小酌，还邀作家陈国凯作陪。后来，陈国凯写了一篇《我眼中的汪曾祺》谈了那天晚宴的情况。他写道："弘征兄的太太做得一手好菜。朋友来了有好酒。这两位高阳酒徒喝得很文雅也很来劲……汪曾祺好像越喝越冷静。他们喝得有量了。弘征喜爱字画收藏，善治金石，让我们欣赏他珍藏的字画。此公博学，我早有所闻，就听这两位微醺的酒徒谈字论画，书房里已经铺好文房四宝，字画看完，弘征磨墨，汪老先生挥笔，他来劲了。我在旁边看他写字，字写得秀气。他还很认真地给我写了一个条幅，是他的一首旧作律诗。"（见《我眼中的汪曾祺》）你看看，"他来劲了"，可见其时汪先生兴致何其高也！

汪先生也给穆涛写过字、画过画，当然，也自然是"酒后泼墨画"了，这里还有一个小故事哩。穆涛回忆说："曾祺老人和我有过三天'交情'，当年他和老伴施松卿老师在石家庄待了三天，我跟班照顾日常起居，还陪他喝酒，一天晚上老人高兴了，给我且写且画。字是'午夜涛声壮'，鼓励我要敢说话。画面是一只鸟站在一个枯枝上，鸟很生动，枯树枝因此也带来了精神。我到西安工作后，把这幅画挂在了办公室墙上，墙的另一边坐平凹主编，事就出曲折了。平凹主编说这画挂在了他墙上，又说做事不能偏颇，要平衡，墙另一边也要挂几天。我见他存了掠夺心，就约法挂七天，七天后一清早我就去做了完璧的工作。平凹主编记忆力好，一年后，他帮我解决了生活中一个难题，我问他怎么感谢呀，他笑着说汪曾祺的画呀。我那只生动的鸟就这么飞走了。但他也慷慨，给我回画了一只上了山的虎，至今还在我办公室里。"（穆涛《孙犁老人六年祭》）

叶延滨写的《半瓶老酒一杯茶》，发表于2010年10月20日《人民日报》。文章说："饭后，主人们都要汪老给他们留下墨宝。如今向名家求字大概都知道'润笔'，那时候不讲这个，主人觉得让他写字是看得起你！汪曾祺是他们最看得起也最敬重的作家，加上汪老的字也写得好，从吃完晚饭，一直到深夜十一点多钟，汪老一直'笔耕不止'，挥毫泼墨。县领导要了，秘书们要，秘书要了，工作人员要，工作人员要了，工作人员的亲友要……写到深夜，接待我们的办公室主任，要为汪老提神，给汪老提来半瓶酒，晚饭酒席剩下的半瓶酒。我都在场陪着汪老，觉得这实在不礼貌，便说了他几句，大意是怎么给汪老拿来剩酒，你们要字也要得太过分了。汪老制止了我，把酒倒进茶杯里，笑着说，谢谢，真有点累了。说完接着写，又写了十几幅字。"叶延滨深有感触地说："这半宿的劳动，这半瓶残酒，像是此行留在记忆中的一道彩虹。一说起汪曾祺，就会想起这件小事，比他的小说，更生动地划亮记忆的天幕。"

下面再与诸君分享一下汪老在江苏的几次"快事"——

1986年11月1日，汪曾祺在常州赴友人宴，酒后，即席铺纸画菊。题曰：

"餐秋菊落英图"，具款为德泰恒餐馆属。一九八六年十一月一日，汪曾祺，林斤澜、叶至诚、高晓声。

高邮政协有一位老副主席居宜先生，酷爱烟、酒、茶，字也写得不错，曾自撰对联一副：松竹梅岁寒三友，烟酒茶伴我一生。横批是：乐在其中。汪曾祺算是遇到同好、同道了，二人年龄又相仿，谈得很投机。一日饮酒，汪老酒酣耳热，兴致来了，欣然题写旧作一首赠居老："新沏清茶饭后烟，自搔短发负晴暄。枝头残菊开还好,留得秋光过小年。"也许汪老微醺了,字的布局没有多加考虑,也许是有意为之,最后一句写成了小字,然而却产生了意想不到的艺术效果,别具一格,到了随意自然的境界。(朱延庆《三立集》)

《新民晚报》记者林伟平在《浓从淡出——访作家汪曾祺》一文中说:"原先,并不晓得汪曾祺好酒,且是出了名的。前不久在金山宾馆,他为人题诗作画,欲罢不能。有人端来一杯啤酒给他助兴,他称此'酒'不算酒,只是意思意思,方知汪公素有'酒仙'之称。果然,酒过三巡,情致更浓。蓝眼睛的瑞典女学者秦碧达递上名片,他注视思忖,当下'碧落黄泉,久寻必达'两行篆字,把客人的名字藏在头尾;在为初识的同乡、江苏女作家黄蓓佳题完李商隐诗句后,竟写下"蓓佳乡兄嘱书",引起满堂欢乐。"

1995年元宵节那天,恰好是"情人节",也是汪先生75岁生日。何镇邦带了几位年轻作家,选了一大束康乃馨、玫瑰等鲜花,前往汪府为老头子过生日。汪先生夫妇很高兴,汪先生亲自下厨执铲,搞了一桌子精美的菜;汪师母破例开恩让汪老喝了一点酒。一起去的张晴特地写了一篇文章,记叙了那欢乐的一天,写下了汪老酒后赠画的情况。"饭后,汪老兴致很高地拿出事先画好的几幅画,一一题上字签上名,给我们每人送了一幅。我得到的一幅是一只肥胖却不失可爱的小松鼠正准备要偷吃眼前的一串葡萄,其态极为形象逼真,汪老在给我题字签名前还生动地模仿了一下小松鼠的动作,说:'瞧,都吃这么胖了,还馋。'随后他写下'靓女张晴,笑笑',同时转过头又对我说:'笑笑,我看看。'然后他自己先咧开嘴,把牙齿故意呲一呲,笑了,那风趣可爱的模样,

再次把大家逗乐了。（张晴《汪曾祺：那美文一样的美食》）

温州是林斤澜的故乡，作为林的挚友、酒友，汪老在温州酒喝得不少，留下的书画特别多。

1991年汪曾祺到温州时，"住到宾馆，女服务员围着他索求字画，他总是兴致勃勃地为'小人物'挥墨泼彩，深夜还得我去'清场'"。和汪老一起去的北京市作协主席赵大年在《汪曾祺的魅力》一文中这样写道。

1995年在温州期间，"当地的同志纷纷请作家、书法家留下墨宝，以志纪念，这几乎成为每到一处必备的节目。大约是市场经济的缘故，有的书法家写过几幅之后，便觉得不太符合经济规律了，便提出索要润笔费，这使领队的人十分为难。……领队便征求他们的意见，汪老：'我分文不取！……'那一次活动前后不足十天，汪老为该地的部门和同志写了不下数十幅字，有时《晚间新闻》播完了，汪老还在大厅里为小服务员书写，同样一丝不苟，是年，汪年七十有五。"（傅用霖《忆汪老二三事》）

"汪曾祺在温州留下许多字画……他觉得邀请方真是出于尊敬，接待是真正的热情，他不能白吃白玩。……汪曾祺几乎是有求必应。可是索求的人真是多啊……汪曾祺的耳边是一片'汪老、汪老'声。汪老先是写字，绝句的多。写字要想词，够麻烦的，后来便画画。石头和竹，居多是菊花、兰草。一天夜十时，来了一个酒气熏天的人，穿税务制服，板着脸说：'给我一张吧！'汪曾祺瞥了他一眼，说：'我不认识你。'来人说：'我刚才不是给你拉纸了吗？'汪曾祺看看我，看看坐在身边的夫人，夫人觉得尴尬，笑中显出无奈。汪曾祺最后还是给他画了一张兰花，此人拉过就走,什么话都没有说。我便叫二位快快回去休息。汪曾祺对我说:'我给你画一张'。我说:'不用不用。'他坚持说:'画一张。'我说:'我到北京你家的时候,再给我画一张吧。'他认真地说:'你不要到我家,我不欢迎。'没有法子,他给我画了一幅菊图,题字道'为绍国画'。"(程绍国《林斤澜说》,人民文学出版社2006年版)

一次在浙江苍南县龙港镇参观,镇政府在龙翔饭店请汪曾祺等吃饭。饭后,饭店的老板娘看准时机请汪先生题写店名,汪老很乐意,乘着酒兴横的竖的写了几张"龙翔饭店"。(见刘文起《生命的丰碑——悼曾祺师》)

人们都知道林先生是个笑佛,为人随和,几乎从不动怒。但有一次,林斤澜先生却为汪曾祺动怒了。那天林希也在场,他在一篇文章中回忆说:"汪曾祺被求字画的人围住,一幅一幅,一直写到深夜,汪先生好脾气,有求必应,林斤澜看不过去了,那次我在场,我唯一一次看见林斤澜发火,他张开双臂将求字画的人拦住,大声喊着:'不写了,不画了。你们怎么可以这样!'林斤澜发怒吓退了好心的年轻人,汪曾祺先生才突围出来。"(林希《永远的笑容,永远的善良——痛悼林斤澜》)

原《北京文学》副主编兴安说:"我曾带一个年轻作者——他写的小说也是模仿汪老的笔法,他拿了二锅头,大概十几块钱,就拿走了汪老一幅画。"(兴安在"走进汪曾祺小说世界"沙龙上的发言,见人民文学出版社微信平台2016年5月31日《汪曾祺轶事》)

1997年春节过去,福建电视台的编辑小骆到汪老家去拍专题。

汪先生不但配合电视台的同志拍了片子，还向小骆等人赠送了画作，"人手一幅，打灯光的也不例外"，南翔对她们说："我与汪先生相识那么久，都没有开口向他要过一个字；你们倒好，初次见面，先生就给你们做吃，连带书写字画，满载而归。顿时，一屋大乐。"（南翔《无法寄达的情感》）

有人陪酒助兴，汪老挥毫更痛快，更潇洒。1991年4月，汪老在云南采访那年，作家尧山壁是作家采访团的副团长，他回忆说："汪老也爱酒。代表团无人能陪，为助兴我就上去了。几杯下去汪老看出我的功夫，说发现了一名酒才，退回二十年得一较高低。汪老有古人遗风，酒后诗如泉涌，此时求诗易得……白面书生李迪眼有宿疾，害怕高原阳光暴晒，常戴一副墨镜，然而遮住眼镜遮不住鼻梁。有人说起了涅克拉索夫《严寒，通红的鼻子》，李迪无地自容。他也索句，汪老脱口而出：'有镜藏眼，无地容鼻。'听者莫不捧腹，笑出了若干红鼻子。"（尧山壁《跋行云南忆汪老》）

乘船游览星云湖那天，李迪因眼疾用墨镜护之，不料在烈日照射后，形成了一个"怪脸"，用他自己的说是"镜后的两片雪白与镜外的红黑形成绝世奇观"，"一船人笑成傻瓜"。汪老微笑着对李迪说：李迪啊，我为你写照八个字，有镜藏眼，无地容鼻。在众人的笑声中，汪老欣然答应了李迪的求字。李迪后来写过一篇缅怀汪老的文章，他说："入夜，陈酿微醺，展纸挥毫，不但以独特的汪体潇洒写了八个大字，还陪嫁一段美文：李迪眼有宿疾，滇西日照甚烈，乃戴墨镜。而其鼻准暴露在外，晒得艳若桃花。或有赞美其鼻者，李迪掩鼻俯首曰，无地自容，无地自容。席间，偶作谐语。李迪甚喜，以为是滇西之行之形容概括，嘱为书之。

一九九一年四月下旬，汪曾祺记。"（李迪《快乐的老头儿汪曾祺》）

  1991年，汪先生去参加云南省文联的一个笔会，云南作家张长（《太阳树》的作者）知道杨葵的父亲是汪先生西南联大的同学，就托杨葵邀汪先生去他家做客，想求汪老一幅字，杨葵满口答应，因为他知道，汪先生嗜酒，喝高兴了，别说一幅字，有求必应，杨葵关照张长多备酒即可。杨葵回忆说：

  我们一行到张长家，只见桌子上马爹利、绍兴黄酒、法国红酒、五粮液一字排开，"不知道爱喝哪种，都准备了点。"张长说。汪曾祺克制地客气道："都尝一点儿吧。……"

  那天酒局果然不出我所料，汪曾祺很快微醺，话越说越慢，且越来越多，双眼愈来愈迷离。我用眼神暗示张长，赶紧拿出预备好的笔墨纸砚。汪欣然起立说：好吧，写一首这次云南旅次所做七言绝句吧。我和凌力负责抻纸蘸墨，老头儿笔走龙蛇，酣畅淋漓。

  突然，老头拎着笔尴在那里，面露难色。原来，酒力之下，光顾着酣畅了，谋篇布局工作未做好，四句诗刚写完一半，纸已用掉三分之二。张长忐忑地建议：要不……换张纸？

  老头脚下已有点打晃，估计写前两句诗已用掉不少气力，这时早已无心恋战，坚定地说：不用！后面写小字！

  字越写越小，到最后已经挤到纸的左下角，想签名都挤不出一点地方。老头写完，笔一掷说：回吧。

张长看着那幅风格奇特的书法作品，夸也不是，嫌弃也不是，十二分尴尬。我见状赶紧打圆场：很珍贵啊！错版啊！你知道嘛！相当于"全国山河一片红"那个错版邮票啊！别人想求还真求不到呢！凌力也帮忙打圆场儿："前些天我们在笔会上，北京文联的韩霭丽求汪老赐画，原来都说他兰花画得好，结果，画了一块宣威火腿扔给人家了。"（杨葵《过得去：文化圈幕后故事大集合》，广西师范大学出版社2010年版》）

正如元代画家钱选所云："酒不醉，不能画；然绝醉，不可画；唯将醉醺醺然，心乎调和时得其画趣。"看来，那天汪老夫子真的是喝高了也！

有酒，就能得到书画，这好像有"传统"似的。元代画家王蒙就说："我嗜酒，好肉，善画。但人有饮食、美酒、精绢，我何不往也。"那清代"扬州八怪"之一的郑板桥亦嗜酒，好狗肉，"求画者投其所好，则往往奏效"。他曾有诗自嘲云："看月不妨人去尽，对月只恨酒来迟。笑他缣素求书辈，又要先生烂醉时。"而欲得朱耷书画，则"置酒招之"。朱乘其酒兴、酒力，"洋洋洒洒，数十幅立就"。

柳萌回忆说："《小说选刊》刚刚复刊时，经济上特别困难，编辑高叶梅提出杂志社办家书店，即使挣不了什么钱，起码可以借此扩大影响，我觉得这个主意不错，就采纳了她的意见。书店想请名家题写匾额，我自然想到了汪老。汪老文章写得好，这是圈内人公认的；汪老的书画也好，这连圈外人都了解。凭我跟汪老的交情，我想老人家总不会拒绝。就在一天下午，我带着两瓶好白酒，跟高叶梅和司机小宫，来到汪老位于虎坊桥的新居，请老人给书店题写匾额。汪老欣然命笔书写'百草园书屋'五个大字。"（柳萌《在汪老字纸篓中淘画》）

李庆西有一个回忆亦颇有趣。他说："记不得九十年代初哪一年，三联书店在杭州开办了一家分销店，地点很好，就在西湖六公园口上。第二年书店搞周年庆典，从外面请来柯灵、吴祖光、汪曾祺、王蒙、吴亮、马原一大堆作家，三联书店前总经理范用也来了。有一天搞签名售书，在门前草坪上摆了几张桌子，拉了横幅。签售的作家是汪曾祺、吴亮和马原，本来说好王蒙也出场，不料临时有事来不了，主事者便把我拉去充数，因为书店正好有我的一种小册子。我纯粹是打酱油，吴亮、马原桌前排队的读者也不多，只是汪老那边的队伍排得好长。书店里有汪老好几种选集，许多读者都捧了一摞。汪老给人签名不是简单地写上自己姓名那三个字，而是先把人家的名字写在上款，写上请人'惠正''指教'等谦语。有的读者跟他聊上两句，他一高兴还在签署的扉页上给人画几笔。给一位女孩画一盆水仙，给一位男士画了一匹马。我的一位女同事也找他签名，她名字中有个'珊'字，汪老便画了一座米芾《珊瑚帖》中的珊瑚笔架，旁边又写了好几行字。他就用签字的圆珠笔作画，是传统的线描手法。这样又写又画节奏有些慢，他跟前总是有那么多人，当然多半是女性读者。"（李庆西《灯前细雨檐花落》）

那天汪老签售，是否为酒后，庆西先生虽未说，但笔者认为应是酒后所为，其理由有二，一是汪老几乎每饭必酒，二是酒后汪老才会如此有精气神。当然，这只是我的判断。因此类场景之剪影并不多见，姑且留此一说吧。

酒后书画，乃汪老雅兴之事也。若不尽兴，反而不快。在1991年4月"红塔山笔会"上，高洪波就好心地做了一件"煞风景"的事。那一天"汪老酒毕，且已夜深，有数位当地作者前来索字，抱来一大堆宣纸，让他写了一幅又一幅，身为笔会的组织者，我实在不忍让汪老太过劳累，遂寒起脸上前力阻。求字者最后怅然而退，汪老亦颇扫兴——我后来屡次读到汪老对写字作画浓郁的兴致，才发现自己当时的多事。"（高洪波《星斗其文，赤子其人》）

第八章　酒仙醉卧爱荷华

"国际写作计划",由保罗·安格尔、聂华苓夫妇创办。安格尔是美国著名作家,诗人;聂华苓是中国湖北人,著名台湾女作家。"国际写作计划"设于爱荷华大学。这个"国际写作计划",每届邀请一批各国知名作家聚会,时间三个月左右,各国作家于此进行写作交流、学术探讨,并到美国各地参观访问和大学座谈演讲。1987年9月,汪曾祺应邀到爱荷华大学参加了"国际写作计划"活动。

在美国期间,汪老可谓是过足了酒瘾。自古文人皆好酒,外国作家中也有善饮者,况且,参加这次活动的作家中,来自宝岛台湾的作家也有酒仙、酒徒;对酒当歌,把盏论文,文人雅事也。汪曾祺在美国一共给施松卿寄了16次家书(有时一次含断断续续的几封短信),第一次信说到了酒,最后一次也说到了酒,16次信中有8次都说到了酒。跨度是从头到尾,数量占二分之一。可见酒在汪老心中之分量也。

下面，我们且把酒仙在美国的酒事活动梳理一下。汪先生一到美国，给夫人的第一封信上就提到了酒。他告诉施松卿说："昨天刚到爱荷华，洗了一个脸，即赴聂华苓家的便宴——美国火锅。喝了两大杯苏格兰威士忌。邵燕祥担心我喝酒成问题。问题不大。昨天宴后，就给我装了一瓶威士忌回来。"（汪曾祺《美国家书》，见《汪曾祺全集》第八卷，下同。）汪先生又喝又带，不亦乐乎！

在美国期间，酒仙真是"衣上征尘杂酒痕"，到处喝酒，也到处注意酒。9月11日，汪曾祺等到海明威农场参观，海明威夫人接待了他们，汪曾祺注意到了两件事：一是一家人有几千亩地，主要种玉米，玉米随收随即在地里脱粒，然后就运进谷仓，只要两个人就行了。第二件事就关乎酒了，海明威一家能请三十多位作家喝酒、吃饭——可以揣测，那天汪先生喝的酒不会少。他还抱了一下海明威的夫人，汪先生说："她胖得像一座山。"

中秋节那天，汪曾祺是在聂华苓家过的，聂华苓邀请了他和其他客人家宴，汪曾祺说："菜甚可口，且有蒋勋母亲寄来的月饼。有极好的威士忌，我怕酒后失态，未能过瘾。"其失落之感，怅然之情，耿耿于怀矣！

9月下旬，聂华苓建议汪曾祺搞一次招待会，招待会当然少不了酒。中秋节的第二天，汪曾祺和古华邀请国际写作计划的几位作家到他下榻的五月花公寓一聚。汪曾祺兴致勃勃地准备了茶叶蛋、拌扁豆、豆腐干、土豆片、花生米。中秋节那晚汪先生直忙到夜里一时还在煮茶叶蛋。汪曾祺得意地写信告诉远在北京的夫人说："他们很高兴，把我带来的一瓶泸州大曲，一瓶Vodka全部喝光，谈到十二点。"由于"美食家"的声誉传开了，汪先生在爱荷华还有过几次请客,当然,每次做的菜都受到客人的赞赏,那酒更是少不了的啦。王渝是巫宁坤的外甥女,巫宁坤是汪曾祺在西南联大时最好的朋友之一,后来到了美国,王渝曾写过一篇她领略汪先生厨艺的文章,且摘抄部分如下:"汪曾祺在爱荷华大学国际写作计划邀请当住校作家时,国际写作计划举办一次交流活动,从纽约去的有董鼎山、曹又方和我。开会之余我们喜欢拉了汪曾祺一块聊天。不知怎么聊到吃,我提到舅舅说他厨艺高强,于是要求他下厨表演。汪曾祺居然答应了,可怜和他同住的古华被他指使得团团转,洗菜切菜还不断受批评。至今谈起,董鼎山对他的汤面仍赞不绝口。我印象深刻的是有道菜需要油炸锅巴。他连锅巴都是当场现做,令我佩服不已。"(王渝《汪曾祺的厨艺》)

10月12日,恰逢保罗·安格尔的七十九岁生日,安格尔、聂华苓请作家们晚上喝酒,参加这期国家写作计划的作家们都去了,还有不少别的客人,很热闹,更有"很好的香槟"——好酒的汪先生没有忘记写信告诉老伴。至于他喝了多少,他没有说,不过,夫人难道还不知道他么?老头子是不会轻易地放过那"很好的香槟"的。

10月18日,在爱荷华的全体华人学者、作家、留学生,又举行了一次文学讨论会,仍由聂华苓主持,被推到台前的有海峡两岸的中华儿女:台湾的陈映真、李昂、蒋勋、黄凡等,美国的李欧梵、郑愁予、曹又方、董鼎山等,大陆的有吴祖光、汪曾祺、古华、刘心武、张辛欣。讨论会的题目是"我为何写作"。汪先生也讲了话,赢得不少掌声。晚上映真的姑父在燕京饭店请客,酒后,陈映真父亲和保罗·安格尔两位老人抱在一起,大家都很感动。陈映真的父亲在台湾声誉颇高,被视为"大师级"的人物。汪先生也抱了映真的父亲,并忍不住流下了眼泪,后来还抱了映真,甚至几乎都出声地哭了。宴后,聂华苓又邀大家去她家喝酒聊天,又说,又唱。分别的时候,聂华苓抱着郑愁予的夫人还有一个叫蓝菱的女作家大哭……

在爱荷华,汪先生或许也和李黎一起喝过酒。冯亦代曾说过"两位海量的女作家,一位是旅美的李黎,一位是国内的谌容,看他们喝酒如喝水,艳羡煞人。"(冯亦代《喝酒的故事》,刊《龙套泪眼》,青岛出版社2013年版)有一幅照片,是李黎展示汪老送给她的一幅画,汪老笑眯眯地站在画的旁边,手上持着一杯,似乎杯中是啤酒。至于汪老与李黎一起喝酒的情景未见有人记叙,但凭汪老的性格,只要是喝了,那是断然少不了的哦!

爱荷华的一条小河边有一家饭店,汪先生也曾去光顾过。饭店原是一个老机器厂,停业了,饭店老板买了下来,不加改造,房顶、墙壁上保留了漆成暗红色的拐来拐去的粗大的铁管道,很粗的铁链,体现了美国人的怀旧情结。汪先生说这家饭店"菜很好,星期天的自助餐尤其好,有多种沙拉、水果,各种味道调料。……顾客就在这样的环境里,临窗而坐,喝加了苏打的金酒,吃烤牛肉,炸土豆条,觉得别有情调"。

在爱荷华的阿玛纳林闲逛,汪先生也关注着酒。他细心地观察到这里"卖'农民'自酿的葡萄酒,有好几家。买酒之前每种可以尝一小杯"。他说:"我尝了两三杯,没有买,因为我对葡萄酒实在是外行,喝不出所以然。"

10月21号晚上,中国驻芝加哥领事馆请作家们在湖南饭馆吃饭，汪老觉得"菜甚好，黄凡要喝茅台，李昂要喝花雕，大概花了领事馆不少钱"。汪先生喝的什么酒，他老人家没有说，反正那天好酒有的是，况且又是"菜甚好"哩。白天，汪曾祺一行参观了芝加哥的西尔斯塔。西尔斯塔，亦名西尔斯大厦、韦莱集团大厦，1974年落成，建筑高度为442.3米，地上108层，地下3层，是当时世界上最高的摩天大厦，直耸云霄。那天老先生手持酒杯，极目苍茫，在"九十六层"上喝了一杯威士忌。嚯！真个是"买酒白云边""举杯邀明月"矣！不过，汪先生对西尔斯塔印象并不佳，他在参观了纽约的世界贸易中心大楼后，觉得"这样四四方方、直上直下的建筑，也真是美。芝加哥的西尔斯塔比它高，但颜色是黑的，外形也不好看，不如世界贸易中心"。

白天喝酒，晚上又喝酒，汪先生那天真的喝多了。汪老说："就在 Herbert 等找我聊天的当晚，发生了一件事：我的房间失窃了。这位小偷不知是怎么进来的。搬走了我屋里的电视机，偷了我 600 $ 现款，就在我熟睡时。这位小偷挺有意思。除了这些东西，他把我的毛笔、印泥、空白支票本、桌上不值钱的（别人送我的）小玩意都拿走了。连我给汪卉买的系小辫的小球球也拿走了。把我的多半瓶 Vodka 拿走了。他一定还尝了一口，瓶盖未拿走。刚才我才发现，把台湾联合日报副刊主编陈怡真（女）送我的一个英国不锈钢酒壶也拿走了。瓶里有聂华苓给我灌的威士忌。今天下雨，冷，我想喝一杯威士忌，才发现酒壶也叫他拿走了。"显然，在连续四个"拿走了"中，汪先生最痛心的是拿走了他的半瓶酒和一个酒壶（酒壶里还有威士忌）。

在汪先生给夫人的信中，他还"汇报"说——"聂华苓听说陈怡真送我的酒壶丢了，高兴极了，说：'我正想送你什么好，这下好，我再买一个送你！'她知道你给我的皮夹子也丢了，说：'正好，我有一个很好的皮夹子。'"从信中，大家可以看出，汪先生对此遭遇并不是那么沮丧或气恼，甚至似乎还有点"得可偿失"的意思哩。

汪先生推断说：从这位"雅贼"的行径看，此人肯定是一酒徒，说不定还是吸毒者。他还告诉夫人："古华分析，此贼很可能是对我喷了轻量的麻醉药，否则不敢如此从容（他把我每个抽屉都翻了一遍）。可能。据昨日遇到的一位研究细胞的女学者说：美国现在有一种轻量麻醉剂，醒来后毫无异常感觉。"

但是，在美国被偷这件事，并不全如汪先生之自述。

"我们分析，他一定又喝多了，否则不会毫无觉察，到了美国，脱离了家里的监管，他肯定会大过其洋酒瘾。"（汪朝《说说我们的爸》，载《老头儿汪曾祺：我们眼中的父亲》）知父莫如子女，汪朝他们的分析、判断完全正确。

这里有一个铁证和一个旁证。铁证是，聂华苓回忆说："他知道我家的酒放在那儿。一来就从酒柜拿出威士忌，自己喝将起来。在一个晚会上，喝得酩酊大醉，几个作家抬着他回五月花公寓。第二天，醒来发现房门大开，钱丢了，房门钥匙也不见了。"

还有一个旁证，是蒋勋所言。蒋勋是一位台湾的作家，与汪曾祺是对门而居；两个人志趣相投，相处得很融洽。蒋勋很喜欢汪曾祺的小说，将汪曾祺的小说《金冬心》推荐给台湾杂志发表；蒋勋写了一篇小说，就请汪曾祺作序，两人还打算联袂在纽约办一次小型书画联展。汪曾祺送了一幅墨蝶图给他，还撰书一联以赠。

那蒋先生也是个酒仙,曾写过一首著名的《酒歌》,其结尾处云:

朋友
落地即为兄弟
你随我喝一口酒
只要一口
便可以忘了车马声喧
只要一口
便忘了这战争的世代
只要一口
便可以看见
欣欣的荣木
涓涓的水流

这两位酒仙在一起,那酒喝起来,岂止是涓涓的水流噢!蒋勋在一篇文章中回忆说:"喝酒的忘年之交里,最让我痛心的是汪曾祺。……我跟汪是门对门,他写字画画,我也写字画画;他爱烹调,我也爱烹调,所以常常不关门,隔着一道公众的走廊,串门子,硬是把西式公寓住成了中式的大杂院。汪先生一大早就喝酒,娃娃脸通红,眯着细小的眼睛,哼两句戏,颠颠倒倒。……汪先生一醉了就眼泛泪光,不是哭,像是厌恨自己的孩子气的喷怒。……喝醉了,他把自己关在密闭的房间里抽烟,一根一根接着抽,烟多到火灾警报器尖锐大叫,来了消防车,汪先生无辜如孩子，一再发誓，我没开火啊……我俯在耳旁边悄悄说：等他们走了，我们把警报器拆了。我们真的拆了警报器，他因此很享受了一段狂酒狂烟爆炒麻辣的日子。"在爱荷华抽烟引警之事，汪先生保密工作做得特好，他从来没有向别人透露过半句，当然更不会修书向夫人报告了。从蒋勋说汪老"狂酒"一词来看，曾祺先生之所以被窃，醉酒乃其原因耳，所谓"熟睡"到那个程度，正是酒的作用也！

香港作家彦火于 1984 年也曾经参加过爱荷华国际写作计划。他也曾"从实招来"："在爱荷华期间，我们经常打聂家私藏佳酿的主意。聂家酒柜藏有不少好酒，特别是中国名酿，如贵州茅台、泸州大曲、山西竹叶青、绍兴酒和五粮液，偶尔还有金门高粱。在美国中西部一个偏远的小镇，藏中国名酒之丰，简直不可思议。我们经常编派一些名目跑到聂家去煮酒论英雄，聂华苓以慷慨海量、恢宏大度著称，有好酒也不吝请客，公诸同好，使我们这些流落异乡的天涯客，可以借酒浇愁，也可以借酒行乐，排遣不少寂寞。"（彦火《吃酒记趣》，载吴祖光编《解忧集》，中外文化出版公司 1988 年版）

正如说"被偷"事因一样，在美国"狂酒"的情况，汪老向夫人的"汇报"是有分寸的、有技术的。从《美国家书》中，我们还可以寻出一些蛛丝马迹。于《美国家书·十三》中，汪先生说在纽约他曾住在王浩家。那王浩是他在西南联大最要好的挚友之一，如今"是美国的名教授（在美国和杨振宁、李政道属于一个等级）"。酒逢知己千杯少，两个老朋友住在一起，汪先生喝的酒还会少么？也是在这封信中，汪先生说："一号下午即被郑愁予（台湾诗人，在耶鲁教书）拉到纽海芬，住在他家。"这位郑愁予素以"酒量豪"著称。彦火说：1983年，他曾和郑愁予在新加坡喝过一次酒，聂华苓也在座，还有大陆的作家艾青、萧乾、萧军等。彦火回忆说："是晚席上有茅台供应。临别依依，愁予酒兴大发，与在座各人逐一干茅台。当晚，他一个人起码喝足一大瓶大号茅台。喝完之后，神情若定，并且朗诵一首他的新诗作，洒脱自如，赢得满堂喝彩声。"（彦火《吃酒记趣》，刊吴祖光编《解忧集》，中外文化出版公司1988年版）郑愁予又是非常欣赏汪先生的Taste，既拉汪先生去他家，两位酒仙岂不"狂酒"乎？还是在这封信中，汪先生说："文艺报副主编陈丹晨来了。昨天晚上华苓请丹晨，我带了二十个茶叶蛋去，在她家做了一个水煮牛肉。"这茶叶蛋、水煮牛肉，分明就是下酒菜噢，至于酒，聂华苓处多的是也！

老舍先生的公子舒乙也写到过汪老喝酒的情景：我想起一次在聂华苓女儿家的文人聚会。汪先生手里捧着一杯酒躲在一间小客厅里，和一位朋友边喝边聊，谈天说地。他衣服随便，坐得很舒服，两只眼闪着光。酒入肚，而故事却由他嘴里源源不断地飘淌出来⋯⋯（舒乙《一个可爱的大作家》，载《大爱无边》，漓江出版社2004年版）

汪老在爱荷华当然少不了喝酒，尤其是在聂华苓、安格尔家里喝得最痛快，汪曾祺回国后写了一篇《遥寄爱荷华——怀念聂华苓和保罗·安格尔》的散文，有一大段写的就是吃酒，他颇为得意地说："美国的习惯是先喝酒，后吃饭。大概六点来钟，就开始喝。安格尔很爱喝酒，喝威士忌。我去了，也都是喝苏格兰威士忌或伯尔本（美国威士忌）。伯尔本有一点苦味，别具特色。每次都是吃开心果就酒。聂华苓不知买了多少开心果，随时待客，源源不断。有时我去早了，安格尔在他自己屋里，聂华苓在厨房忙着，我就自己动手，倒一杯先喝起来。他们家放酒和冰块的地方我都知道。一边喝加了冰的威士忌，一边翻阅一大摞华文报纸，蛮惬意。我在安格尔家喝的威士忌加在一起，大概不止一箱。我一辈子没有喝过那样多威士忌。有两次，聂华苓说我喝得说话舌头都直了！临离爱荷华前一晚，聂华苓还在我的外面包着羊皮的不锈钢扁酒壶里灌了一壶酒。"

快要回国之前，汪曾祺给聂华苓写了一封感谢信。信中感谢她和安格尔创立了迄今为止世界上独一无二的伟大的、美好的事业——国际写作计划，感谢他们请各国作家到这座安静、清雅的小城来促膝长叙，杯酒论文……酒增友情，酒助诗兴，在爱荷华的开怀畅饮，举觞尽兴，汪曾祺是难以忘怀的！在爱荷华，还有一件事让汪先生大开眼界，也特别高兴，他告诉妹婿金家渝说，安格尔和他特别投缘，得知汪先生是个酒仙，安格尔特地把汪曾祺一人带到他的酒库去看。汪曾祺一看，嚄，那可了不得！那酒库在地下室，足足有几间房子那么大，酒库里放满了各式各样的名酒，汪先生最看重的是俄罗斯产的伏特加。安格尔对汪曾祺说，你要喝什么，你就拿什么，汪曾祺开心死了。此事汪先生一直铭记在心，他深情地对金家渝说，安格尔这个人，真好！1990年初秋，汪曾祺托他的一个亲戚给聂华苓带去了两件礼品，一是仿楚器云纹朱红漆盒，一是彩色扎花印染的纯棉衣料。聂华苓收到后，十分满意，非常高兴，她感叹地对安格尔说："这真是汪曾祺！"

因为聂华苓原籍湖北,汪先生不远万里,赠送礼品,意在慰藉聂华苓之乡思乡愁耳!

顺便说一下,于国外饮酒,大概文人更是感慨良多、别有意趣吧。台静农也说过在美国痛饮的事,认为是游美第一快事。

1986年夏,台静农与媳妇及孙子大翔赴美,在美作家庄因特于"酒蟹居"宴请台静农一行,台老十分高兴,即席于嘉宾簿上题云:"八六年七月十日,与媳惠敏孙大翔来旧金山,次日庄因美丽夫妇宴于酒蟹居,时长女纯懿长儿同席,饮泸州大曲一瓶,为游美第一快事也!"(庄因《寂寞清尊间》,载《重做一次新郎》,百花文艺出版社2004年版)当然,台老之所谓第一快事,盖因与家人团聚也,但于此快事,于酒徒来说,酒,那是不可或缺之物也!

汪曾祺刚从美国爱荷华回国不久,年轻作家乌人去拜访他,汪先生兴致勃勃地谈了他在爱荷华的情况后,还说了一个趣事:"回国途中,路过香港,王光美的哥哥王光英宴请汪先生。宴会结束后,王光英送给汪先生一瓶洋酒人头马。瓶子很奇特,扁圆形的,是我从来没见过的。拿回国,刘心武去了,两人喝了半瓶。后来,邓友梅去了,就把那半瓶也喝了。汪先生说:'我也不知道那瓶酒多少钱。后来老伴在新华社查了一下资料才知道,那瓶酒竟然八百多美元……'后来那个酒瓶汪先生让我带到林斤澜先生家。汪先生说:'老林收藏酒瓶,你把这个给他带去。'"(乌人2013年12月8日博客《汪曾祺畅谈美国见闻》)

离开爱荷华后,汪曾祺还对在美国的畅饮尽兴颇为留恋。作家吴亮在一篇回忆文章中写道:"一次在香港碰到汪曾祺,他好像刚从爱荷华回来。香港新华社请客吃饭时,我留意到他抽的是不带滤嘴的'骆驼'。我说读您的文章您应该抽中国烟才对啊！老汪呵呵一笑，凑到我耳边说：'外国烟好抽，外国酒也好喝。'我说我看您吃饭之前特爱喝绍兴酒，'那是在吃中国菜么！'老汪大乐。这是一九八七年的事了。"（吴亮《八十年代琐记》，商务印书馆 2012 年版）

第九章　偶尔轻狂又何妨

1996年11月28日，汪先生写了一篇《哲人其萎——悼端木蕻良同志》（《汪曾祺全集》第六卷）。这篇文章中有一段话，汪先生说端木蕻良"和王采比较接近。王采即因酒后鼓腹说醉话'我是王采，王采是我。王采好快话'而被划为右派的王采。王采告诉我，端木曾经写过一首诗，有句云：'赖有天南春一树，不负长江长大潮……'这可真是狂得可以！然而端木不慕荣利，无求于人，'帝力于我何有哉'，酒后偶露轻狂，有何不可，何必'世人皆欲杀'！"

汪先生此言，是有感而发的，并且是深有感触的。

老舍先生在一次会上公开说："我在市文职只'怕'两个人，一个是端木，一个是汪曾祺。"端木"狂"，汪先生亦"狂"也！汪先生文章中云"酒后偶露轻狂，有何不可"，岂是谓端木一人哉！

酒后吐真言。现在，许多读者都知道了《受戒》附注里所说"写四十三年前的一个梦"其意何指，但在当时晓得的人极少。

《受戒》发表后不久，何镇邦"有一次到汪家拜访，当着师母施松卿的面询问四十三年前的'梦'系何所指，他闪烁其词，不敢明确回答。但过了不久，却在一次友人宴请之后，扶他走过街天桥回家。他由于喝了点酒，情绪激动，借着酒劲，又不在师母眼前，主动要求向我'坦白'。这四十三年前的'梦'，即指他十七岁在江阴上学时的初恋，初恋的女友还健在，几年前（即20世纪80年代中期），他在江阴参加一个笔会，还主动给初恋女友打过电话，要求到她家里拜访呢！"（《望云斋说之三：说不尽的汪曾祺》）

汪先生也向屠燮昌吐过真言，1984年在云南瑞丽傣家寨，一日晚餐后"汪老微醺。饭后他一手扶着我的肩，另一手由一中年女作家搀扶在寨子里散步。他不自禁地向我俩讲起读西南联大时的几段恋爱史"。（见屠燮昌《怀念汪曾祺》）故地重游，自然会勾起对往事的回忆。不过，若是没有酒的作用的话，大概汪老也就不会于此时一吐为快了。

香港作家彦火也说汪先生曾和他在酒后得意地谈起这件事："记得1987年，汪曾祺从美国爱荷华写来一信，略谓他将经港返京，希望笔者接机，信末特嘱我千万预备一瓶好酒，届时浮一大白也。……1987年9月过港赴美，曾与古华、施叔青等买醉于北角燕云楼，他老人家喝足大半瓶大号茅台，仍意犹未尽，后来一干人再拉队去附近餐厅喝一通啤酒。酒酣耳热，汪曾祺拍拍啤酒肚，兴致勃勃向我们透露了他早年的浪漫史，酒后吐真言，娓娓道来，令座中客又妒又羡。"（彦火《自在酒仙顽童老》）"酒酣肝胆露，恨不眼前剖。"（唐元積《说剑》）酒后吐真言，自古依然也。汪老恋上的是同学夏素芬。据汪老在南菁中学的同学章紫说:"夏素芬,是一个中医的女儿,汪曾祺对她有点意思。高二有天上学,我们一进教室,就看见黑板上有人给夏素芬写了一黑板情诗,不是新诗,是旧体诗,是汪曾祺写的。他跟我们一起看,看完之后,他自己把黑板擦了。"汪曾祺住在蒲黄榆的时候,章紫在北京曾到他家去过。章紫回忆说:"他爱人施松卿跟女儿在家。……他悄悄跟我说:'当年学校的事儿,不要多说。'可能是指他跟夏素芬的事吧。"(《汪曾祺写过一黑板情诗》)

汪先生曾"爆料"过一次他祖父酒后吐真言的事,那是祖父避乱住在乡下菩提庵的时候,就在"一花一世界"的那间小屋里。"有一天,他喝了酒,忽然说起年轻时的一段风流韵事,说得老泪纵横……老人家不知为什么要跟他的孙子说起他的艳遇,大概他的尘封的感情也需要宣泄宣泄吧。"(《我的祖父祖母》,《汪曾祺全集》第五卷)汪老之"酒后吐真言",或许与祖辈的遗传有关吧。

汪先生酒喝多了,除说过"早恋"的事,也还对别人乱改他稿子发过牢骚。何立伟说:1986年,汪曾祺来湖南,何立伟去看他。这位看去极平和的老人,说到一桩事时忽然表现出了近乎孩子似的生气。他说:"他们乱改文章,简直不像话!"

东北的某一杂志,把他的一篇小说里很多的话改了,叫人啼笑皆非。比如,写一个木匠,早上蹲在门口吃完饭,末了,"就走进了他的工作"。编辑大概觉得,咦?工作怎么可以走进去呢?遂改成"就走进了他的工作室"。

旧社会一个穷木匠,哪里来的"工作室"呢?一字之差,境界殊异，可谓化神奇为腐朽之一例也。汪先生说完又摇摇头，一笑，说："算了算了。"

"那一天，我听别人说，他呷多了一点酒。"(《穿越30年时光，走进何立伟的1986年》)

醉了脚打晃。汪曾祺从沙岭子回京后，离家最近的一个小酒铺是汪曾祺经常光顾的地方。小酒铺在宣武门教堂的门前，窄而长的一间旧平方，柜台上排列着几盘酒菜，是盐煮花生、拍黄瓜等家常小菜，来的酒客，除附近的居民外，也有路过的拉板车一类的干体力活的人。汪曾祺总喜欢"泡"在那里，一边喝酒，一边和熟悉的、不熟悉的酒客闲聊。有一次，他老先生竟然拉着女儿汪明一起去，答应买好吃的给汪明。汪明在《往事杂忆》中生动地回忆了那天汪先生的酒后之态。汪明说：

"跨过门槛，他就融进去了，老张老李地一通招呼。我蹲在地上，用酒铺的门一个一个地轧核桃吃。已经轧了一大堆核桃皮了，爸还在喝着、聊着，天南地北，云山雾罩。催了好几次，一动都不动。终于打算离开，可是他已经站立不稳了。……爸在马路中间深一脚浅一脚地打晃，扶都扶不住，害得一辆汽车急刹车。司机探出头来大骂"酒鬼"之类，爸目光迷蒙地朝司机笑。……回到家里，他倒里便睡，我可怜巴巴地趴在痰盂上哇哇地呕吐，吐出的全是嚼烂了的核桃仁！"

1992年，作家老娄和秦培春着手要将汪老的小说《受戒》《大淖纪事》和《徙》改编成影视剧《水城》。他们与汪老签合同那天，在北京方庄饭店就餐。汪老与秦培春一起喝了一瓶古井，老娄喝了一瓶干白。老娄回忆说："那顿饭吃得很尽兴，聊得也痛快。""到家出电梯的时候,汪先生已经是脚步踉跄,醉意甚浓。到门口也不拿钥匙开门,'咣咣'砸,吓我一跳。回去路上,秦培春吐得一塌糊涂,我直害怕,到了单位赶紧给汪老家去打电话,师母接的,说没事,这才放心。"(老娄《汪曾祺先生》)

泄愤打女儿。这也是汪先生的女儿汪明"揭发"的。她说:"当时正在'反右'那会儿,我有四五岁吧。记得有天晚上爸爸和一个朋友喝酒,两人话很少,只是叹气。不懂事的我在他们身边混闹一气。爸先不理我,后来怒吼,最后一把将我掀翻在床上,劈头盖脸地一顿暴打。"汪明对这事印象特别深。她说:"爸的脾气真是好。从小到大,他从未训斥过我们兄妹,除了打酒,也不支使我们做这做那。可是我总爱一件事提醒爸:'你揍过我!'"(汪明《往事漫忆——关于爸》)这是汪明唯一的一次被爸爸揍,可见当时汪先生之郁闷与深痛了。

喝高忘了事。作家人邻说过一件事:"在北京的时候,有机会跟汪先生见过几面。一次去先生家,是一个夏天的下午。敲开门,是先生的女儿。先生还没有起来,女儿去问,先生说没有约呀!女儿笑着对我们说,你们什么时候和他联系的。我说是前天晚上。他女儿又笑了,晚上他老是喝得晕乎乎的,说完,就忘了。狭小的厅里,靠边一张桌子上,还放着半只烧鸡。那时想,这大概就是一代美文大师晚上的下酒菜。那时候没有太珍惜。见了也就见了,说些闲话,就走了。可十几年前离开北京后,再去认真读先生的作品,觉得遗憾,怎么就没有找机会和先生喝几杯酒呢?"(人邻《找食儿》,南方日报出版社2014年版)

酒喝多了忘事,看来并不止一二次耳。1994年的某一天,郭晓春去汪老家拜望他，这是与汪老约好的时间。那天"初见汪老，他斜躺在床上老大不高兴：'不是说好明天的么？'她女儿立马接茬：'是你记错了！'又转过来道：'他酒后往往不认账。'汪老听了这话，咕噜了一句：起来罢。慢吞吞起身，坐到窄窄的客室，打开了话匣……"（郭晓春《黑脸上那双老眼——访汪曾祺》）

1999年4月28日，陆文夫在高邮文游台讲述了一次汪老喝酒误事的经过：

"汪曾祺和高晓声喝起酒来可以真把什么事都忘了。那一年在上海召开世界汉学家会议，他们二人和林斤澜在常州喝酒，喝得把开会的事情忘了，或者说并不是忘了，而是有人约他们到江阴或是什么地方去吃鱼、喝酒。他们就去了，会也不开了。说起来这个会议还是很重要的，世界上著名的汉学家都来了，因为名额限制，中国作家参加的不多。大会秘书处到处打电话找他们，找不到便来问我，我一听是他们三人在一起，就知道不妙，叫秘书处不必费心了，听之任之吧。果然，到了会议的第二天，高晓声打电报来，说是乘某某次列车到上海，要人接站。秘书处派人去，那人到车站一看，坏了，电报上的车次是开往南京的，不是到上海的。大家无可奈何，也只能随他们去。想不到隔几个小时，他们弄了一辆破旧的上海牌汽车，摇摇摆摆地开到小宾馆来了，问他们怎么回事，只是说把火车的车次记错了，喝酒的事只字不提。"（姜文定《高邮还有个汪曾祺》，《漫步高邮》，广陵书社2014年版）看来，汪曾祺他们三位酒仙还是挺不错的，还是有点组织性、纪律性的，只是记性不好耳，较之李太白先生"天子呼来不上船"——哈哈，那真是强多了也！

不过，先生有时虽然喝高了，但并不忘事，甚至迷糊中还保持清醒状态，真是怪老头。苏北曾回忆过汪老的一个细节：

"1993年，我将《小林》等一组小说拿给汪先生。……那天我去，将小说带上，吃饭前说了此事。汪先生说，可以，先放这，我看看再说。之后吃饭喝酒，一番热气腾腾。汪先生酒后微醺，眯盹着眼。坐了一会，我们起身要走，汪先生站起来，转了一圈，说，稿子呢？这个不能丢了。之后收起稿子，一转身，抱拳，进隔壁一个小房间去了。"（苏北《温暖而无边无际的感情包围之中》）

杨葵说汪老在昆明朋友家酒喝多了的情况也是如此："当晚，和老头儿去朋友家喝酒。桌上白酒、红酒、米酒、威士忌，还有黄酒。'不知道汪老爱喝哪种啊，都备了。'迎客者颇显紧张地说。我说你还真歪打正着了，他自己家里桌上品种比你这还多，还有料酒呢。老头儿在打量朋友的家，走到阳台，豁了一声：翠湖啊！在家里就能看见翠湖啊！你这小日子美的，今天我怕要喝多了。"

"羡慕人家坐拥翠湖而居的老头儿真喝醉了，打车送他回红河酒店。路遇特警带威风凛凛的警犬拦车检查，司机奉命开后备厢，一名特警跟随。另一名特警往车里探探我，又看到正眯瞪的老头儿，疑问目光投向我。我跟特警说：北京来的，看到翠湖美了，喝了。特警听完放行。半道儿老头儿醒了片刻，见我一脸美不滋儿，问美什么哪。我说真是春风沉醉的晚上啊。老头儿说那是浙江人写的，我们昆明早晚温差大，把车窗关上，说完继续眯瞪了。"（杨葵《曾在昆明》）

酒后出洋相。酒喝过量了，难免会醉，而醉了，也难免有出洋相的时候。汪夫人就曾向苏北爆料过汪先生的一次酒后醉态。苏北在回忆文章中记载了这段趣闻。"有一年到他们家,那时他们家还住在蒲黄榆。师母说了这样一个趣事。说前不久老汪酒喝多了。回来的路上跌了一跤。先生跌下之后第一个感觉就是能不能再站起来,结果站起来了。还试着往前走了几步,咦!没事。汪先生自己说,回到家里,汪先生一个劲地在镜子前面左照右照,照得师母心里直犯嘀咕:老汪今天怎么啦!是不是有什么外遇?七十多岁满头银丝的师母说完这话哈哈大笑,那个开心。其实汪先生是照照脸上皮有没有跌破。"(苏北《一汪情深——回忆汪曾祺先生》,上海远东出版社2009年版)

汪朝也说过两件事:有一年"我爸与林斤澜一起出去参加活动,喝了一天的酒,误了飞机。住在旅店里。我爸要用衣服把枕头垫高,怎么叠也叠不好,林叔叔说:我来!结果他也怎么都叠不好"。可见,他们那天喝了多少酒,喝得是何等尽兴,何等酣畅!(汪朝《说说我们的爸》,载《老头儿汪曾祺:我们眼中的父亲》,中国人民大学出版社2000年版)

"一次衡水老白干酒厂的一个经理送了两箱酒,请他给写幅字,他的酒喝多了,写漏了字,我们指出来,他又加错了地方。"(同上)

1997年4月,汪先生在四川宜宾五粮液笔会之际,他的表弟杨汝纶特地从富顺驱车到宾馆看他。他们表兄弟在翠屏山庄宾馆畅谈了三个小时左右,非常尽兴,临分手前,汪先生书赠李商隐之诗句,由于酒兴尚存,加之连日疲劳,汪先生将"何当共剪西窗烛,却话巴山夜雨时"的"夜雨",误写成"夜语"。杨汝纶看了笑着说：错了。汪先生也笑了，在纸上添上了几个字"雨字误写作语"，并说："这张不算，回京后另写一张寄来。"遗憾的是，汪先生回京不久就突然犯病，于一个多月以后去世了。杨汝纶看到这幅字就不胜唏嘘，伤感不已。

其实，所谓偶尔酒后失态，亦文人酒徒之常态耳，不足为怪。从维熙在一篇文章中曾爆料云："上个世纪的八十年代尾声，几个作家应邀出访贵州茅台酒厂。在酒乡畅饮之际，先是文坛酒圣陆文夫，语无伦次地失去了江南秀士的风雅；紧接着是见酒绝不让杯的剧作家叶楠，变成了语无伦次的顽童；最后倒下的是当地作家、贵州的酒杰何士光。"（从维熙《酒事趣话九题》，载《岁月笔记》，中国社会出版社 2006 年版）而写这篇文章的从维熙，也曾有过在台湾被"深水炸弹"击沉的境遇。

1988 年 10 月，从维熙与莫言、苏童、余华、张炜、王巨才等一行，在台北参加"两岸作家展望二十一世纪文学研究会"。在宴会上，他与台湾南华管理学院文学所的一位同行对饮"深水炸弹"。所谓"深水炸弹"，就是把一杯白酒沉到台湾产的生啤酒的大杯子里，白酒连同啤酒一块饮下。从维熙在已经喝足了半斤多白酒的情况下，又与这位台北的同行开怀对饮，不知不觉中陶然醉矣！

不过，也有人对喝不醉感到遗憾。女诗人舒婷虽然不胜酒量，可却有过想醉一次的念头，然而未能如愿以偿，引为憾事。她在一篇散文《斗酒不过三杯》中写道："我也常常向往醉一次，……因为我好歹写过几行诗，不往上喷点酒香不太符合国情。但是酒杯一触唇，即生反感，勉强灌几口，就像有人扼住喉咙再无办法。有一外地朋友来做客，邀几位患难之交陪去野游。说好集体醉一次,拿酒当测谎器,看看大家心里还私藏着什么。五人携十瓶酒,从早上喝到傍晚,最后将瓶子插满清凉的小溪,脚连鞋袜也浸在水里了,稍露狂态而已,归程过一独木桥,无人失足。不禁相喟叹息,醉不了也是人生一大憾事。"(载唐大斌编《名家论饮》,湖北人民出版社2004年版)汪夫子年轻时亦曾放言,"饮酒不醉之夜,'殊寡欢趣'"。(见黄裳《也说汪曾祺》,刊苏北《忆·读汪曾祺》,安徽文艺出版社2012年版)舒诗人、汪夫子,酒之知音也!

借酒三分醉。"一次和人小聚,酒足饭饱之余,有人建议唱一唱,闹一闹。汪先生身边是一位漂亮小姐,她自告奋勇唱了首古曲:'明月出天山,苍茫云海间……'汪先生听得出神,不时用一根筷子敲打酒杯的沿儿。待轮到汪先生,他便站了起来:'我唱段昆曲《关云长单刀赴会》。'顿时四座雅静。'面如锅底'(指汪老汪皮黑)带着一身酒气,慷慨淋漓,大开大阖。'大江东去浪千叠,趁西风扁舟一叶……'我发觉汪先生没化妆就'扮上了',并且'洒开来'恣意表演着。"(徐城北《忆汪曾祺》,见《你好汪曾祺》,山东画报出版社2007年版)此时汪真是"老夫聊发少年狂(宋苏轼《江城子·密州出猎》)","顿觉情怀似少年"(陆游《对酒戏作》)矣。

"有时老头酒后,兴奋劲儿还没过去,走到酒店大厅,见迎宾小姐在那站着,老头走上去,带几分顽皮,将胸一挺,模仿了一下,说'应该这样站着'。将人笑翻。"(苏北《汪曾祺的闲话》)

叶兆言也提过一件事:"八十年代中期,有一次秋宴吃螃蟹,我们全家三口,高晓声与前妻带儿子,林斤澜夫妇,加上汪曾祺和章品镇,正好一桌。老友相会,其乐融融,都知道汪曾祺能写善画,文房四宝早准备好了,汪的年龄最高,兴致也最高,一边吃一边喝彩,说螃蟹很好非常好,酒酣便挥袖画螃蟹,众人的喝彩声中,越画越忘形。"(叶兆言《我所知道的高晓声与汪曾祺》,见《你好汪曾祺》,山东画报出版社2007年版)至于"忘形"是什么样子,"忘形"到什么程度,叶兆言的文字打住了,没有往下说,但往下说了不愉快的结局,既事关汪曾祺,也一并抄录如下。汪曾祺螃蟹画好后,"然后大家签名,推来推去挨个签,最后一个是高晓声儿子,那时候,他还在上中学,第一次遇到这种场面,有些怯场,高低声对儿子说,写好写坏不要紧,字写大一些。用手势比画应该多大,并告诉他具体签什么位置上。高晓声儿子还是紧张,而且毛笔也不太好控制,那字的尺寸就大大缩了水,签的名比谁的字都小,高因此勃然大怒,取了一支大号的斗笔,沾满墨,在已经完成的画上扫了一笔。大家都很吃惊,好端端一幅画活生生糟蹋了,记得我母亲当时很生气,说老高你怎么可以这样无礼。汪曾祺也有些扫兴,脸上毫无表情。……"(同上)我想,大概是两人酒都喝高了所激发诱使的吧。不过,汪、高两人并没有因此生仇疏远或断交,一有机会,两人照样一起喝酒,谈笑风生。

醉卧卫生间。汪夫子还有一次,实在是睡错了地方。何镇邦听汪师母告诉他一件汪老醉酒"出丑"的事:"有一次她到邻居家搓麻将,只剩老头一人在家,半夜回家一看,老头在卫生间里睡着了,满屋酒味。"(《望云斋说之三:说不尽的汪曾祺》)

酒后放厥词。老舍先生曾言"喝醉必须说醉话"(《新年醉话》），这是不错的。如果喝醉了而不说醉话，那醉不是真醉，而所说的话也肯定不是醉话，而是《三国演义》中周瑜的醉和他说的醉话了。

汪先生酒后失态，"性质"最严重的当是大放厥词，"抬高"自己，"妄议"他人了。汪朝在《我们的爸》中说："叶兆言的一篇文章里谈到，汪曾祺有一次跟高晓声说，当今短篇小说作者里，只有你我二人了。我觉得这话还真像爸说的，尤其在酒后。爸是个很狂的人，自视甚高。不知其他作家是不是也这样。他的文章里常引用一句古人的话：我与我周旋久，宁作我。他在外面还掖着点，在家里喝了酒有时大放厥词，说中国作家他佩服的只有鲁迅、沈从文、孙犁，意思是说，后面就是他自己了。虽然每次都被我们迎头痛击，当时不吭气了，但过后并不改口。爸还有一句常说的话，就是他的作品一定会传下去。这句话倒是应验了。"（《我们的老头汪曾祺》，时代国际出版有限公司2010年版）

汪朝还说，老头子酒后失态妄议他人还不止这些"名人"或"熟人"，甚至对有的年轻作家于酒后的点评也有些过头。"王安忆初露头角时，有个上海老编辑到家里来和爸喝酒，在酒桌上跟人家翻了脸，很失态。其实后来还是他很喜欢王安忆的，当时大概有点拈酸。"（《我们的老头汪曾祺》，时代国际出版有限公司2010年版）

汪朝并不是为老头儿辩解，事实上真是这样，汪老很欣赏王安忆的才华。1992年，他还特地画了一幅画给王安忆——画的是荷花小鸟，小鸟盯着荷叶看，眼神是好奇的，好像面对着一个待探究的新鲜世界。（姚育明《醇厚的酒味——怀念汪曾祺》，载《永

远的汪曾祺》，上海远东出版社 2008 年版）

"2004年3月的一天，黄昏雨后，在永嘉一个码头边，酒后耳热，林斤澜说汪曾祺看不起某人的文章，趁着这个话题，我忽然问：'我看你也不会在汪曾祺的眼里。'林斤澜哈哈笑道：'当然，他酒喝多了还会说自己胜过老师沈从文了。'"（程绍国《林斤澜说》，人民文学出版社 2006 年版）看来，汪老夫子喝高了之后，真的会是会大放厥词的——虽然其"数量"不多，但"质量"却是很高的。

作家老娄认为："别看汪先生的小说散文写得清新恬淡，一副与世无争的态度，其实老头儿心里傲着呐！中国作家里头，跟他同辈的，包括上一辈的，能看得上的，没有几个。我问过他，张三怎么样？枯燥乏味！李四呢，胡编！这些可能是在中国现代文学史上有一席之地的人物！"（老娄《汪曾祺先生》）汪先生的这些话，我揣测也应是酒后放言。老娄不是朱德熙、林斤澜，在一般情况下，汪先生对文坛人物的评论还是比较有分寸的，只有在酒后，他才会那样毫无顾忌地放言妄议耳！

不过，有时酒后的"厥词"，也许只是发泄发泄而已。酒后吐真言，最痛快的还是向知交倾诉。"我有平生志，醉后为君陈。"（唐白居易《初除户曹喜而言志》）汪朝说："爸对林叔叔口无遮拦，高兴了，酒喝多了，心里不痛快了，拿起电话就给林叔叔打，有时趁着酒劲还爱骂上几句。这个时候他很执拗，很难说服。林叔叔耐心地跟他解释，帮他分析，更多的时候是不置可否地静听，让爸痛痛快快地发泄。"（汪朝《说说我们的爸》，《老头儿汪曾祺：我们眼中的父亲》，中国人民大学出版社 2000 年版）

汪曾祺的酒后狂言有悠久的历史。汪曾祺第一次醉酒，是在

1935年，那年，汪曾祺初中毕业了。毕业同学聚餐那天，汪曾祺喝多了，醉了，说了不少出去闯荡的狂话。此事，汪曾祺似乎已记忆模糊了。还是汪先生于1981年回高邮那次姐弟欢聚闲谈时，汪曾祺的大姐巧纹说起的，巧纹与曾祺是同年毕业的。

　　汪老的老朋友黄裳回忆道：汪曾祺在上海时，"吃馆子是常事，但并不大吃大喝。记得常去的是三马路上的'四川味'，那是我经常宴客之处。小店里的大曲和棒子鸡是曾祺的恩物。照例也是酒酣耳热，狂言惊座。'四川味'有一个好处，离古书铺甚近，出酒馆，就踏入来青阁。我至今还对曾祺陪我逛书店充满了感激之情。……选书既毕，两人醉醺醺地提了一摞旧书，乘三轮车（当时出差汽车是只借供'高等华人'所用的），赶往霞飞坊巴金家去谈天。"

　　汪先生不仅酒后狂言，偶尔甚至酒后胡言，王干一直记得这件事："这次回乡，汪老很高兴。一天晚上，汪先生酒喝得不少，他有些微醺，紧紧抓住我和黄振钟的手，半晌，才说出一句话：'高邮有你俩，我可以死了！'"（王干《汪曾祺印象记》）王干、黄振钟两人是兴化人，曾在高邮师范就读，20世纪80年代还在高邮工作，汪先生是一直把他们当作家乡人来看的。汪先生说这话时，王干他们吓了一跳，虽然知道汪老是喝高了，但无论如何也想不到他说出这样的话来。

　　清人周寿昌曾有诗云："我生不善饮，见酒心辄喜。酒户三数人，视我颇知己。人生隔胸臆，对面万千里。唯有醉后言，谬误亦至理。"（《饮酒杂诗》）诗的最后两句，虽有点片面绝对，但亦不无道理。

第十章　无可奈何罢酒盅

被文坛誉为"酒仙"的汪曾祺，并没有留下多少咏酒之作，仔细检寻一下，专题咏酒的作品，可能就只有写给四川五粮液酒厂的那一首；至于在诗中留下酒痕的诗，所发现的也不过仅五首耳。这五首诗，都写于当年春节之际，仿佛是"饮者"年度小结似的，对一年的"酒事"予以简要的回顾和概括。从汪老的这五首诗中，我们大致可以看出那一段时间他在"酒事"上的某些变化、某些过程。

最早在诗中写到限酒的，是1983年除夕所作的一首七律，题为《一九八三年除夕子时戏作》，全诗如下：

　　六十三年辞我去，随风飘逝入苍霏。
　　此夜欣逢双甲子，何曾惆怅一丁儿。
　　秋花不似春花落，黄鸟时兼白鸟飞。
　　敢与诸君争席地，从今沔酒戒深杯。

此诗《汪曾祺全集》未载。弘征的《我与汪曾祺的诗缘》、何孔敬的《长相忆——朱德熙其人》（中华书局 2007 年版）中都刊载了这首诗。在 1984 年元旦汪老画的《墨菊图》中，汪老题的诗也是这首，唯第二句稍异，为"飘然消逝入苍微"。

1989 年春节前，汪老在给老友范用的信中，附了一首七律。诗云：

醒来惊觉纸窗明，雪后精神特地清。
瓦缶一枝天竹果，瓷瓶百沸去年冰。
似曾相识迎宾客，无可奈何罢酒盅。
咬得春盘心里美，题诗作画不称翁。

诗前有小序，文曰："忽忆童年春节，兼欲与友人述近况，权当拜年。"款曰："右呈范用兄，汪曾祺顿首。"

由"戒深杯"到"罢酒盅"，汪先生真的是"无可奈何"也。

隔了一年，汪老七十岁了。在《七十书怀出律不改》中，汪老却又得意地吟唱道——"悠悠七十犹耽酒"了，看来，"戒深杯"只取得了阶段性的成果耳。其诗为：

悠悠七十犹耽酒，唯觉登山步履迟。
书画萧萧余宿墨，文章淡淡忆儿时。
也写书评也写序，不开风气不为师。
假我十年闲粥饭，未知留得几囊诗。

从诗句中看来，汪老前所谓的"戒深杯""罢酒盅"的日子似乎已告一段落了。

又过了一年，汪老在《七十一岁》的诗中又说到了酒：

> 七十一岁弹指耳，苍苍来径已模糊。
> 深居未厌新感觉，老学闲抄旧读书。
> 百镒难求罪己诏，一钱不值升官图。
> 元宵节也休空过，尚有风鸡酒一壶。

一年之内，汪老喝酒的态势似乎十分微妙。"尚有风鸡酒一壶"，分明是又有所松动了。此诗载《致范用（一）》中，他告诉老友，"风鸡"（我所自制）及加饭一坛，已提前与二闲汉徽销了……"与"者，和也，跟也，同也。那一坛加饭酒，乃汪老与"二闲汉"所共同"徽销"也！而他给范用的另一首诗的说法，却又有所不同。这首诗题曰"辛未新正打油"：

> 宜入新春未是春，残笺宿墨隔年人。
> 屠苏已禁浮三白，生菜犹能籨五辛。
> 望断梅花无信息，看他桃偶长精神。
> 老夫亦有闲筹算，吃饭天天吃半斤。

你看看，这里说的是"屠苏已禁浮三白"，前一首却说是"尚有风鸡酒一壶"，这岂不是相互矛盾吗？其实，这并不矛盾。这一年里，不！在那十多年里，汪老就是这样：一会儿"戒深杯"，一会儿"罢酒盅"；一阵子"犹耽酒"，一阵子"禁浮三白"的。

看了汪老的诗，下面我们再看看汪老的家人、汪老的朋友们的回忆文章，看看他们对汪老那一段时间"酒事"的实录侧记吧。

对汪先生实行限酒、止酒，当然是家里人最为关注、最为坚决的。但汪先生不积极、不坚持也没有办法。虽然家里人对他也曾采取过果断措施，强化过监督管理；然而，汪先生就是控制过那么一阵子，或者说"敷衍"过一阵子，因为汪先生常常偷酒喝。不久就逐渐恢复故态，甚至偶尔还有所放肆，毫无顾忌。

与汪曾祺夫妇很熟悉的作家何镇邦在《汪曾祺和施松卿的婚姻生活》中直率地说：

"汪老夫妇在几十年的共同生活里，唯一始终争执不休的话题就是酒，随着年岁的增长，饮酒对身体的害处越来越明显，戒酒成了汪师母及全家的艰巨任务，而汪老酷爱酒到了什么程度呢？不仅在宴会上喝，而且到小酒馆里喝。有时甚至在厨房里偷偷地喝料酒，或者趁师母外出时偷偷买酒喝。我在他们家吃饭时，就常见汪老趁师母不注意时，偷偷喝酒的情景。"

据林斤澜的回忆："一九九四至一九九五年春节跟前，曾祺住院检查，肝不好，引起胃里静脉曲张。医生究竟怎样警告来着？曾祺含糊其辞，我也不懂，没有细问。可来真格的，汪曾祺断酒了！"

然而，断酒之后的情况很不理想：

"春节回家，我疑心这老头目光发涩，言笑减少……上一道菜，动动筷子，再也懒肯动弹。再后来，不大见面朋友一见面，不禁嘀咕：怎么气色灰暗？再后来，约稿交稿这些来往上，若干脆忘记了倒还平常，却是模模糊糊叫人心坠。"（见林斤澜《〈纪终年〉补》，

载《流火流年》,大象出版社 2000 年版)

在《再说汪曾祺》一文中,邓友梅也说到了汪先生因病断酒的一些情况,他说,"从八十年代起,家人对他喝酒有了限制。他早上出门买菜就带个杯子,买完才到酒店打二两酒,站在一边喝完再回家。"……"三年前(编者注:即 1994 年左右),他小病进了医院。我去看他时,他说大夫讲他现在的病没什么,要紧的倒是要马上戒酒停烟,不然后果甚忧,他打算执行。隔了半年多在一个会上再见面把我吓了一跳。只见他脸黑肤暗,反应迟钝,舌头不灵,两眼发呆,整个人有点傻了!吃饭时有人给他倒了杯啤酒。他说:'就一杯,我不敢多喝。'他三口两口把那杯酒喝了下去,马上眼珠活了,说话流利了,反应也灵敏起来。我回家后就给斤澜打电话,我说:'老头不喝酒有点傻了,你最好跟他家里人说说,是否叫他少量喝一点,要不老头就要傻了。'"

曾明了在《我的导师汪曾祺先生》中回忆道:"汪师母对汪老喝酒管得很严,汪老有时像一个调皮的孩子,趁师母不注意时偷喝几口酒。在厨房做饭时,也偷喝料酒,却被汪老的孙女汪卉抓住。有一段时间汪老表现特别好,很少喝酒,师母心里自然十分高兴。一天她下楼去买东西,楼下小卖铺的售货员对她说:'你们家的大作家买了一瓶酒,还该找他五毛钱啦!'嘿!汪老偷买酒喝一事,被大曝光了。师母指责他时,汪老像一个老顽童似的,默不作声,那样子简直可爱极了。"

汪老的妹婿金家渝也和笔者说过,汪先生借口买菜在小酒店里偷偷买酒喝,不仅被小孙女发现过,也给妹婿窥出破绽。妹婿住在他家时,有时他上街买菜,妹婿说是要跟他一起去,顺便也了解一下北京的菜情行情和居民生活。但汪老总是阻拦，要妹婿到他书房看字画去，执意不让妹婿做伴。然而时间一长，妹婿就晓得其中秘密矣。因为汪先生说是去买菜，不少次却是提着个空篮子回来了，而且，有时还偶尔散发出一股酒气来——这不是偷喝酒的铁证么？

1985年3月，当时还在高邮工作的笔者和王干、费振钟在北京参加《文学评论》举办的进修班学习。一天，我们三人一起去拜望了汪老。那天汪老很高兴，大家聊了不少话。王干记性好，他记住了汪老说了一句话："'医生说，酒也不能喝了。'语气饱含惋惜。""那几天，他很疲劳，刚刚为《光明日报》赶写过一篇评阿城小说的文章《人之所以为人》，心脏也有些不舒适。"（王干《汪曾祺印象记》，刊《夜读汪曾祺》，广陵书社2016年版）

王干曾多次与汪老同杯共盏，1993年7月29日的《文学报》上，发了王干《"晚饭花""野茉莉"——夫子自喻？》一文，其文之结尾处，王干是这样写的：

"老头子开心的还是能够多喝两盅，他有一阵心脏不太好，医生建议他不喝酒或少喝酒，家人对他实行酒禁，可后来发现禁不住。他经常偷偷地在小酒店上喝上几盅，而出门开会则更加'肆无忌惮'了。鹤发童颜、眉目慈善的施松卿夫人送我下电梯时说：'不禁了，不禁了。'老头子笑了，天真无邪地笑了，我转身猛然发现，七十多岁的汪曾祺的眼睛里居然是清纯明亮，满是稚气，像一个七八岁的孩童。"

在因肝的问题而一度戒酒之前，汪先生也曾有过一次差点要戒酒的"惊吓"——那是在胆囊炎急性发作之际。汪朝对此有一段细微传神的回忆：

一个星期天，我们兄妹带着孩子回家看爸爸妈妈。爸缩在床上，大汗淋漓，眼里泛出黄黄的颜色。问他怎么了？痛苦不堪地指指肚子，我们以为是肝区，哎，喝了那么多年的酒，真的喝出病来了。送爸去医院前，妈非常严肃地问："今后能不能不再喝酒？"爸萎作一团，咬着牙，不肯直接回答。

费了九牛二虎之力，好歹把爸弄到诊室的床上，医生到处摸过叩过，又看了一大摞化验单，确诊为"胆囊炎急性发作"。大家都松了一口气。

我蹲下为爸穿鞋，顺便问大夫："今后在烟酒上有什么限制？"话音未落，很明显地感到爸的脚紧张地僵了一下。大夫边填处方，边漫不经心地说："这个病与烟酒无关。"

"嘻嘻……"爸马上捂着嘴窃笑，简直像是捡了个大便宜。刚刚还挤满了痛苦皱纹的那张脸，一瞬间绽出了一朵灿烂的花儿，一双还没有褪去黄疸的眼睛里闪烁着失而复得的喜悦！

刚进家门，爸像一条虾米似的，捂着仍在作痛的胆，朗声宣布："我还可以喝酒！"（汪朝《"泡"在酒里的老头儿》）

其实，真正断酒的时间并不长，倒是限酒的跨度从断酒到逐渐"放宽"甚至"放开"是有一个过程的，由于汪先生实行断酒后的状况令人担心，汪先生的子女，汪先生的挚友如林斤澜先生便建议他喝点红酒。在林斤澜、邓友梅等朋友的劝说和安排下，汪先生曾到江南一带去"散散心"。林斤澜在《〈纪终年〉补》一文中说："我力劝曾祺偕夫人到江南散散心，那里好山好水，还是米酒之乡，酒'糯'，老百姓说是'养人'，坐月子以酒代水煮'纱面'。不过也没有劝酒，曾祺也不开戒，只是不谢绝主人家斟些啤酒在杯中，终席也喝一两口。"

"后来市面上作兴红葡萄酒，以为胜过糖水般饮料。曾祺每饭一杯两杯或啤或红了。我觉得直如地气回蒸，冻土复苏。再加吃蚂蚁，做按摩，真好像眼见经冬的麦苗，依我说，老头返青了。"

"我有幸看过汪曾祺老先生喝酒，他喜欢喝白酒，古井贡酒是其中一种。先生将酒瓶放在自己手边，用小杯一杯杯喝着，异常陶醉。每杯沾唇，啧然有声。如果不是汪夫人每每在旁监视，先生就不知道要喝多少下去。那一年他七十五岁左右——对于生命的大欢喜的体验是因了年轻的存在。"这是丁宗皓在《关于年轻》一文中说的。七十五岁左右，也就是1995年左右。

1994年11月25日上午，于北京美术馆举办的"中国作家十人书画展"隆重开幕，展出了汪曾祺等十位作家的书画作品。中午，中华文学董事会设宴款待书画家和应邀出席开幕式的嘉宾。那天，汪先生与吴阶平夫妇、管桦、鲁光等同桌，汪老借着酒兴大发议论，他说："我过去曾与叶圣陶邻居。叶老说，'我的养生之道三不，一不戒烟，二不戒酒，三不运动。'我是叶老的支持者。尽管老婆管着，但每天要喝白酒四两。"（鲁光《近墨者黑》，生活·读

书·新知三联书店 2011 年版）

这一年，古剑应新华社香港分社和中国作家协会之邀请赴京，他推掉了一些活动，专程去看望汪先生，晚上六点多钟才到汪府，晤谈了一阵，汪先生估计古剑当未晚餐，遂留饭，做了干丝和云南的干巴菌，拿出一瓶女儿红。古剑说："终于尝到他的厨艺。那时他肝已不好，正服着上海某研究所用蚂蚁制成的药，所以汪太太不让他多喝。"（古剑《汪曾祺的信底温情》，见《笺注：二十作家书简》，河南文艺出版社 2015 年版）

1995 年 7 月，苏北和报社的一位同志去看望汪先生，带了几瓶酒。苏北回忆说："给您带瓶酒，烟就没带了，少抽点烟，酒可以喝点。"汪先生听后侧过脸来，对我又似乎对别的什么说：'还有几年活的！这也不行那也不可的！……'说这话时，汪师母一直坐在边上。……那天汪先生留了我们吃晚饭。……汪先生喝了几大盅白酒。他喝酒总是很猛，很少吃菜。"（苏北《忆·读汪曾祺》，安徽文艺出版社 2012 年版）

1995 年 12 月，中国作家协会第五次代表大会在北京召开，不少作家与汪曾祺又见面了。汪先生去世后，他们撰文悼念汪老，很自然地回忆起当年与汪老见面的情景。

陈国凯说："许多年不见，虽然比当年消瘦了些，但其声朗朗，中气很足。"陈国凯还追叙了当时和汪先生的一段对话："'我问他现在还喝酒么？'他不回答。我说：'你这个酒仙，一点酒都不喝，不是徒有虚名么？你定个时间，我请你喝酒。如何？'他只是笑着对身边的朋友说：'小心，别上了陈某人的当。'嘻嘻哈哈笑了一阵，还是一副老顽童的样子。"（陈国凯《我眼中

的汪曾祺》）

在这次代表大会上，江苏代表赵本夫感觉与陈国凯很不同。他清楚地记得："最后一次见到汪曾祺先生，是去年的全国作代会上，那时就感到他的身体不太妙，似乎精气神全散了。当时都住京西宾馆，我去他的房间看他，说了一些闲话。会议期间又碰到几次，也都说了话的。可是会议结束前的一次宴会上，他从邻桌看到我时，却对身边的北京作家郑万隆说：'本夫怎么才来开会？'于是万隆走过来，问我：'你没有见到汪老？'我说见啦，都见过几次了。心里一沉，知道他有些不记事了。就赶紧过去敬酒，汪老端起一杯茶，说我不喝酒了。就有些神色黯然，眼睛里似有浑浊的泪光。"（赵本夫《汪先生》）

安徽的季宇也见到了汪老。他的印象是："给我的感觉他似乎老了不少，腿脚也显得不如以前那么利索了，我上前向他问候，汪老显得很高兴，对去安徽时的一些事情仍然记得清楚。临走时，我又一次向他提出约稿的事。我说我知道外边向他约稿的很多，但我仍然希望他别忘了给我们写一点。汪老连连点头，表示一定要写，并笑着说，他记着这事。"（季宇《回忆汪曾祺先生》）

张晴看见的则是又一个场景：在京西宾馆，"汪曾祺正与围坐了七八个人在聊天，还握着个小酒瓶，一边喝酒，一边给崇敬他的几位年轻作家讲鬼故事呢。那时，已临近晚上十时了"。（张晴《汪曾祺·永远的崇敬与怀念》，载《灵魂的天使：十二位文化艺术名家的另面人生》，人民出版社 2014 年版）

在京西宾馆，南翔曾给汪先生拍照并合影留念，他在《无法寄达的情感》一文中回忆说："记得那次会议，汪先生住 302 房，到他房间去看他两次，皆有人采访和拜访他。房间很暗，床上桌上也很凌乱，即便住宾馆，写字台上也摆着纸墨笔砚，想来向他索取字画的人不少。"

……

"会议之中，汪先生似乎不大活动，谈吐也远不像1989年我在安徽《清明》文学笔会初遇的劲健。《清明》开会，他不但谈兴浓、舞兴浓，而且烟兴、酒兴皆浓。他当时喝白酒。我说肝不好，怎能喝白酒？他粗声应道，不管它！"

湖南的叶梦的实录是："我满以为他还是五年前的模样，可在与他握手的一刹那，感觉汪先生真的老了。那活泛溜转的眼神没有了。老人特有的迟钝已经写在脸上。他握着我的手，盯着我，半天没认出我来。直到他接到'四时佳兴'的印章，我又向他说起泰山笔会写字的事来，他才记起我是何方人士。"但在第二天晚上，汪老画画时却又不一样了："虽然精力明显不济，但他写起字来仍然一如往常的潇洒，表现出他的生命活力。也只有写字的时候，他一点也不显老。"（叶梦《我所认识的汪曾祺先生》）

老朋友、老酒友在会上当然更要是见面的啰。高晓声在《杯酒告别》一文中，说了一下他与汪老、林斤澜会面的情况："我报到的那天晚上，汪和林都来过我住所。之后有个晚上，我去回访。先到林的房间，一杯茶未完，有人打电话来邀林。林说等一会，我现在有客。等了一会，电话铃又响，那意思是已经等过一会了，林仍旧说等一等，我有客人。那边就不痛快了，话多了。林听过对我说：'走，我们同去。'原来是北京代表团的会议室，每晚都有些代表在这儿喝酒聊天。这时汪曾祺已在，见我也不打招呼，喝了半晌，他忽然指着我问斤澜：'喔，你电话里说的客人就是他呀？'林点点头。他就很不在乎地说：'他算什么客人哪！'这算是对我表示亲昵。我不回答。等酒快喝光了，我早走一步，借此朝他提高喉咙说：'酒不够哇！'这算是回敬他的亲昵。没想到这竟是最后一次在一起喝。"（《你好汪曾祺》，山东画报出版社2007年版）

会议期间，湖南作家弘征和叶梦一起到汪曾祺家去看望汪老。弘征与叶梦也都善饮，并曾和汪先生有过多次畅饮。然而，这一次却无法尽兴了。弘征在一篇怀念文章中写道："多年不见，一见惊心，他是明显地衰老了。刚坐下，他就从桌上取来一瓶葡萄酒，问我要不要？我说：'您知道我是不喝甜酒的。'我发现他的眼睛眨了一下，有点黯然地给自己斟上一杯，我真后悔不该脱口而出！"（《恨难同再对'擂茶'——忆汪曾祺》，《杯边秋色·弘征随笔》，华夏出版社1997年版）

李辉回忆道："最后一次见到汪曾祺，是在一九九六年冬天。他的老友黄永玉旅居香港十年后，首次返京，几位热心人为欢迎他的归来，在东三环长虹桥附近的德式餐厅'豪夫门啤酒'，举办两次大型聚会。其中有一次，由黄永玉开列名单，请来许多新老朋友，其中包括汪曾祺。那天，我与汪曾祺同桌。他的脸色看上去比不久前显得更黑，想是酒多伤肝的缘故。每次聚会，他最喜欢白酒，酒过三巡，神聊兴致便愈加浓厚。那天只有啤酒，他喝得不多，兴致似也不太高。参加聚会的多是美术界人士，汪曾祺偶尔站起来与人寒暄几句，大多时间则是安静地坐在那里。"（《自然天成汪曾祺》）

1996年的一天，汪老的亲戚杨早又一次去汪曾祺家，杨早回忆说："这次见面，老头儿明显气色差了，听说大病了一场，脸发黑，时有倦容。老太太也不大好，两年前能迎下楼来，如今跌了一跤，只好坐着不动。上次，老头儿还说：'现在每天早上一睁眼，就想着今天写点儿什么呢？'近来却写得少了。……老头儿的酒量可没减，酒瓶照例不开盖，戳个洞就往外倒，反正两天就见底。"

"这些年，他酒却喝得太勤了……范用先生曾专为此事给他打电话说：'我们成立了个制止汪老嗜酒的委员会，我和卫建民同志是常务理事。'虽是笑谈，却也是对他嗜酒日深的担忧。"（卫建民《悼念汪老》）

1996年腊月二十六，汪先生参加了一个作家聚会，北京作家李硕儒记叙了那天晚上在长安大剧院与汪老聚会的一些情况："我们先饮啤酒，吃自助餐。汪先生素来嗜酒，怕他喝不痛快，我特地嘱托我的同事、青年作家龙冬和他的妻子、藏族女作家央珍陪侍两侧，并要他们替汪先生要些白酒。老先生酒后兴奋，脸红红的，调侃谐谑笑语不断，我以为是白酒的力量，两位年轻人告诉我，怕他酒多伤身，根本没要白酒。……酒阑兴起，我们一行人乘兴开到二楼舞厅。……大家都蜂拥扑入舞池。原以为汪老年迈，只有酒的兴致，不想，当我遍寻他的身影时，他却是曲曲不退，在舞池里竟是那样舞步翩翩。兴致越高，舞曲越快，子夜十二时许，乐队奏起了狂躁的迪斯科舞曲，我也是大汗淋漓，无意再参与。看看灯光闪烁变幻的舞池，汪老却舞得更欢。一曲终了，他走到我身边说，今天做了一次全面体检。我莫名其妙，他却朗朗笑起：说舞了一晚，遍体通泰，说明全身各部件皆无问题。我这才明白，高声说：祝你万寿无疆！你越健康，我请的画越有保障。他爽然握位我的手说：君子一言！说罢，长长一揖，飘然而去，时光已是午夜十二时半。"（李硕儒《最后的祈愿——作家汪曾祺最后的日子》）

　　龙冬的回忆与李硕儒的文章稍有一点出入。龙冬告诉笔者，那天是他接送汪老的。在接汪老时汪老特别关照龙冬，不要告诉汪师母是去吃酒，更不能说还要跳舞。那时汪师母病卧在床，汪先生怕夫人不同意，不放心。下楼梯时，汪先生走得比较急，龙冬明显地感受到了汪老那种兴奋、激动的状态。汪先生想喝酒了啊！

　　那天，汪先生确实一点没有碰白酒，就是喝的葡萄酒，但喝得很猛，一大口的，喝得真不少，龙冬劝他不要这样，但老头儿酒兴上来了，却对龙冬叫道，不要管我！跳舞休息时汪老要上厕所，龙冬陪他去。汪老忽然听到迪斯科的舞曲音响轰鸣，原来是另一家舞厅一群年轻人正在灯光闪烁中"群魔乱舞"。借着酒兴，汪先生"老夫聊发少年狂"，立马要进去潇洒一番。龙冬觉得实在是不适宜，硬是把老爷子拽回去了。

　　也许是龙冬的"疏忽"或有点什么事了吧，汪先生居然还是避开龙冬的"监护"，去过了一把跳迪斯科的瘾。半夜十二点多钟了，汪先生的舞步才停了下来。龙冬把汪老送回汪府，才放心地回到自己家中。

　　龙冬还写文章说了一次在汪老家喝酒的事。1997年3月底，作家龙冬与苏北相约到他家去，汪先生还喝了点红酒。龙冬说："那天，我和青年作家苏北相约去汪老那里。我先到，从上午10点钟谈到近 12 点，苏北才匆匆赶来。那天，汪老和以往一样，亲自下厨为我们做了两个菜。他遵医嘱，只喝一点点红酒，让我们喝酒鬼酒，我说不喝啦，他不大高兴地说："那改五粮液？"我们落座后他还站着，就那么站着夹菜喝酒，问我们菜的味道怎样，而他自己很少吃。他以往也只是尝尝，高兴介绍一番而已。苏北说快坐下来吧，他才慢慢坐下，喝他那一点红酒，看我们吃。"（《怀念汪曾祺先生》）

在去四川之前，作家崔普权去采访了他。这是他们第一次见面，是在 3 月一起去八宝山刘绍棠追悼会上约定的。崔普权说，那天"得知笔者也有贪杯小癖时，汪老请我同他一道饮酒……恭敬不如从命，也正合我意。在饭桌上有一道菜引起了我注意，汪老笑着说：'那是早晨吃剩下的油条，把它切成寸段，中间塞入猪肉馅，两头用面糊封好，用油一炸就成啦！外焦里嫩的，佐酒很有意思，尝尝看。'我持箸品尝，味道不错。先生笑着补充道：'你可以回去仿制和宣传，但专利可是我的。'笑声过后，先生举杯又是深深一口"。汪老还得意地对崔善权说："到现在我没有什么忌口的，什么都吃，鲜萝卜就可以喝四两酒。"崔善权说："汪先生今虽好酒，但酒量已明显地不如当年。先生说：'我现在是好汉不提当年勇的时候了，酒量减了一大半，该属于叶公好龙的那个范畴了吧！'尽管如此，他仍然一天两顿酒。"（崔普权《汪曾祺——文坛上的美食家》，见《也馋》，人民日报出版社 2015 年版）

在戒酒这事上，汪先生的酒友可真是他的难兄难弟，如出一辙。陆文夫在 1987 年就写过一篇文章，题目是《壶中日月长》，被收入吴祖光编的《解忧集》中。他从实道来——"医生向我出示黄牌了:'你要命还是要酒?''我……'我想,不要命也不行,还有小说没有写完;不要酒也不行,活着也少了点情趣。答曰:'我要命也要酒。''不行,鱼和熊掌不可兼得,二者必须取其一。''且慢,这样吧。我们来点中庸之道。酒,少喝点;命,少要点。如果能活到八十岁的话,七十五就够了,那五年反正也写不了小说,不如拿来换酒喝!'医生笑了:'果真如此,或可两全,从今以后白酒不得超过一两五,黄酒不得超过三两,啤酒算作饮料,但也不能把这一瓶都喝下去!'我立即举手赞成,多谢医生关照。第三天碰到一位多年不见的酒友,却又喝得昏昏糊糊,记不清喝了多少,大……大概是超过了一两五。"

我以为,能否自觉地、坚持地限酒、戒酒当然与毅力有关,但就其汪老来说,似乎更与性格有关,更与观念有关。汪先生是个热爱生活也珍惜生命的人,也是一个知足常乐、随遇而安的人。然而,他对生活的执着却大于对生命的执着。尽管他觉得"活着多好啊!"但他活着,却必须是有意思地活着,有质量地活着;不能喝酒、不能恢复喝酒,对他来说,生活就大大失去了意思,失去了质量,而这样的生命也就几乎失去意思和质量了。于是,汪先生才在"罢酒盅"的问题上是"无可奈何"而非"斩钉截铁",才在"禁浮三白"之际,仍然偷偷喝酒,贪恋酒盅。于此评说,不知诸君以为然否?不知汪老在天之灵认同否?

世人戒酒,殊不易也!况酒仙乎!说说容易做到难,一时克制坚持难。"止酒情无喜","止酒则瘳矣"。今古同也!顺录陶渊明《止酒》及苏东坡《和陶止酒诗》如下,供诸君一粲。

第十章　无可奈何罢酒盅

陶渊明之《止酒》：

居止次城邑，逍遥自闲止。
坐止高荫下，步止荜门里。
好味止园葵，大欢止稚子。
平生不止酒，止酒情无喜。
暮止不安寝，晨止不能起。
日日欲止之，营卫止不理。
徒知止不乐，未信止利己。
始觉止为善，今朝真止矣。
从此一止去，将止扶桑涘。
清颜止宿容，奚止千万祀。

苏东坡《和陶止酒并引》：

丁丑岁，予谪海南，子由亦贬雷州。五月十一日，相遇于藤，同行至雷。六月十一日，相别，渡海。余时病痔呻吟，子由亦终夕不寐。因诵渊明诗，劝余止酒。乃和原韵，因以赠别，庶几真止矣！

明来与物逝，路穷非我止。
与子各意行，同落百蛮里。
萧然两相别，各携一稚子。
子室有孟光，我室惟法喜。
相逢山谷间，一月同卧起。

茫茫海南北,粗亦足生理。
劝我师渊明,力薄且为己。
微疴坐杯酌,止酒则瘳矣。
望道虽未济,隐约见津涘。
从今东坡室,不立杜康祀。

第十一章　不如且饮五粮液

四川"五粮液笔会",是汪先生参加的最后一次笔会,也是老人家人生旅途上的最后一个驿站。

1997年4月26日至29日,由老诗人孙静轩牵头策划、宜宾五粮液公司承办的"中国当代作家笔会"于四川宜宾召开。50多位作家和书画家应邀参加,除汪曾祺外,马识途、鲁彦周、白桦、林斤澜、邓友梅、刘锡诚、唐达成、邵燕祥、叶橹、骆文等众多作家、书画家济济一堂,诗酒风流,为当时文坛之一盛事也。

早在1982年,汪先生曾有四川之行,走了川西、川南、川中、川东不少地方,参观游览了巴蜀许多古迹名胜,一时诗兴勃发,写下了二十多首旧体诗词。仿佛是一眨眼,却已有十五年未至天府蜀地矣。参加此次宜宾笔会,不仅仅能故地重游,会会许多老朋友;更重要的是,远离京城,至少可以短暂地摆脱一下胸中郁结,缓解一下心头烦闷:其时汪先生正陷于《沙家浜》署名一事中难以解脱也。所以,对参加这次笔会,汪先生是早已期待,十分高兴。

4月24日，他在家中画了一幅画：一串荔枝，数茎蕉叶；题曰：明日将往成都。其兴奋心情跃然纸上矣。

一到成都，汪曾祺就和西南联大的老同学马识途见了面，马识途当时是地下党员。汪曾祺1984年，汪曾祺在《泡茶馆》（中写的"一个姓马的同学"就是马识途。文章说，那时昆明的文林街有一家茶馆，"这茶馆实在是一个桥牌俱乐部。联大打桥牌之风很盛。有一个姓马的同学每天到这里打桥牌。解放后，我才知道他是老地下党员，昆明学生运动的领导人之一"。马识途比他大七岁，曾担任过四川省文联主席。他们两人在宾馆相见，马识途对汪曾祺的印象是"气色不错，兴致特高"，马识途在回忆文章中写道：

"我说：'这次五粮液酒厂做东，你们将到宜宾酒乡去，你这个好喝酒的才子，可以飞杯流觞，大醉酒乡，做一段佳话了。'他说：'不行，我不能喝了，我有食道静脉曲张病，不敢喝了。'

"我们参加笔会的开幕式，然后赴宴，我和他坐在一起。虽然有五粮液摆在桌上，他却不敢喝，只喝点饮料。"

但到了宜宾后，汪先生却抵挡不住酒的诱惑，破戒了。马识途曾料到，他"这次到宜宾酒厂去，恐怕少不了还要喝点好酒，酒兴一来，热情自高，恐怕少不了又漏夜为人写字画画。他回北京后，他在成都的亲戚杨杨到我家来，我问起来，果然如此，她挡也挡不住……"（《想念汪曾祺》）

杨杨的话，在杨早的文章中可以得到佐证。汪老的生母是杨早祖父的堂姑，杨早祖父与汪老在宜宾是见了面的。那天，汪老还兴致勃勃地谈起了小学的老师、同学。杨早在《炮火中的荷花》（《你好汪曾祺》，山东画报出版社 2007 年版）一文中说："闻说那日汪老很高兴，对求字画的来者不拒，晚上还破例喝了两杯白酒……"杨早的"闻说"，其实就是他的祖父告诉他的。杨早的祖父名字叫杨汝纶，1920 年生，是汪曾祺的表弟，曾任四川富顺县县长。得知汪先生在宜宾参加笔会，杨先生特驱车从富顺赶至宜宾，当晚八时在翠屏山庄欢晤，一直谈了三个小时。

　　应当说，在四川期间，一开始，汪先生还是颇有节制的。与他同行的唐达成也说："汪老兴致勃勃，一路谈笑风生，在与四川作家座谈时，他与斤澜都做了精彩的发言，与会者一致感叹：姜还是老的辣，不服不行。以后共同逛街，游宜宾竹海，饮茶聊天，虽然步履有些迟缓，但精神甚佳，尤其是他的两眼，依然那么有神，那么闪亮，我心中暗暗感到宽慰。他长期患肝病，为此他听从医生的劝告，断然戒了嗜饮几十年的酒瘾，烟也基本不吸了，这对老人来说，实在很不简单……"（《幽兰自芬芳——悼汪老》）顺便说一下，唐达成也是一位酒徒，尽管他十分赞赏汪曾祺之毅力，但在五粮酒笔会上，他也"破戒"了。他的好友从维熙在怀念他的文章中写道："他虽然声明早已不言酒事，但是在美酒琼浆面前，他还是动了心的。在酒厂豪华日月宫的圆桌宴会上，见他频频举杯，我说：'你不是不沾酒了吗？'他回答我说：'破一回例，以壮暮年心志。'"（《秋风秋雨送达成》，《岁月笔记》，中国社会科学出版社 2013 年版）

　　与汪先生一同参加笔会并同住一排房子的刘锡诚回忆了汪先生在四川喝酒的情况："这次四川之行，他也喝了些酒。他高兴。……见到名酒怎能不喝点呢？他的确是喝了些五粮液。那天在'蜀南竹海'游览参观时，中午的餐桌上，也上了一瓶五粮液，他也高兴地喝了好几盅。同桌的有诗人邵燕祥、小说家林斤澜，都是极好的朋友。我也和他们坐在一张餐桌上。汪老闷着头喝得高兴，一声不响地喝，但喝的并不多，几小杯而已。知他的林斤澜在餐桌对面提醒他：'别喝了，汪老！'他才笑着止住了举杯。"（《一个抒情的人道主义者》）

关于在宜宾喝酒的情况，邓友梅说："这次去宜宾，虽是在酒厂开会，备得好酒，他（指汪老）也喝得很有控制，我和朋友们一边暗地监视，并没见他失控过。倒是他应酬太多，令人担心。不断有人要他写字画画，常常忙到深夜，我劝他：'别太客气。累了就不要写。这么大年纪了，不是小孩。'他说：'没事，写累了倒下就睡着，倒也好。'"（《再说汪曾祺》）

林斤澜在《纪终年》中回忆说："四川的笔会活泼，接待隆重。只不过和曾祺不住在一处，出入不同车。……从成都到了宜宾五粮液酒厂，听说他开了白酒戒。……这可大胆了。但食不同桌，不知究竟。"（《你好汪曾祺》，山东画报出版社2007年版）而前引刘锡诚之文，刘则说林先生曾与汪老同席，并曾劝阻过汪老贪杯。以我之见，刘文更为准确，就汪老的性格而言，若开了戒，那是很少有人阻拦得了的，林先生大概是朋友们唯一能劝阻他贪杯的人了。林先生说与汪老"食不同桌"，看来是别有隐情耳。

湖北作家骆文是汪先生的老朋友，他也参加了"五粮液笔会"。他说："5月3日前近10天，我们同在川南参加一个笔会，千竿竹影与岷水相向，初夏的皎皎云天讴歌着蜀弦新声。大家相处极欢。""曾祺喜酒，有次我对他说：'身体不太好，少喝点。'他说：两杯就减成一杯吧。"其实，他极为刻苦，北京京剧院院长说：他进医院前，5月8日、9日还在写东西。是的，他虽嗜酒，但更多的时候是"不因酒困因诗困，常被吟魂恼醉魂"（元白诗）。就在5月8日那天，骆文还收到了汪先生寄给他的一幅紫藤图："整个画幅叶底花开，弥漫着幽香，引来的蜜蜂——这些出彩的小虫，挟着花须中的花珠正要飞回房去。"（骆文《送别曾祺》）

笔会期间，作家们还去了翠屏山流杯池，与会的部分作家们围坐池畔，依晋代兰亭雅集之例，将酒杯放入池中，酒杯随池水缓慢流到谁的面前，谁就得接着前韵就酒赋诗。1982年，流杯池也曾留下汪先生的身影，并留下了《宜宾流杯池》一首五言诗：

山谷在川南，流连多意趣。
谁是与宴人，今存流杯处。
石刻化为风，传言或成据。
迁谪亦佳哉，能行万里路。

这次汪先生也是去了流杯池的，但是有没有喝酒，有没有诗作，因至今未见记载，且留着待考吧。

一起参加笔会的白桦心比较细，与汪曾祺一见面，就"注意到他的脸色比以前更黑了，依然好酒，却不再贪杯了"。（《"假我十年闲粥饭"——送别汪曾祺老兄》，《你好汪曾祺》，山东画报出版社2007年版）白桦从4月26日清晨在成都见到汪老，到5月3日深夜与汪一起在宜宾乘火车，4日清晨到达成都"在东站上匆匆握别"；七八天时间都在一起活动，白桦说汪老"依然好酒，却不再贪杯了"。可见，汪老还是喝了酒的，只是已很节制了。

王敦贤时为四川省作协秘书长，曾参与笔会的接待事宜，当时与汪老接触频繁，常陪侍左右，他在《汪曾祺琐忆》中"回放"了汪先生在笔会上最后一次喝酒的情景：

"次日晚上，一部分作家、诗人要乘火车回北京，一部分人留下来隔天上大巴返成都。当晚，东道主举办盛大晚宴。五粮液集团内有日月二宫，日宫内一张巨大的圆桌，能坐三十余人；月宫略小，格局一样。外地作家、诗人都在日宫落座，其余的在月宫。我是被安排在月宫的，但惦记着汪先生，开宴前仍去日宫给主人打招呼。宜宾市当时的市委书记姓高，坐主人位，汪先生坐主人的右首。我对高书记说：'书记，汪先生年事已高，身体不好，只能让他喝一杯酒。'汪先生像一个淘气的孩子一样，头一侧，倔强地说：'不，三杯！'我退让了一步：'最多两杯。'晚宴后，高书记特地对我说：'只让汪老喝了两杯。'"对于有人说"汪先生是在四川喝酒醉死的"，王敦贤郑重地说："宴席上的玻璃酒杯很小，两杯酒至多半两，汪先生晚宴后无半点不适，晚上上火车时，车厢门口人很多，我说：'汪老，我背您上火车吧！'汪先生把我轻轻一推：'哪用得着。'说罢，自己挤上了火车。"

诗评家、扬州大学教授叶橹是和汪老一起乘车离开宜宾的。叶先生说："'五粮液笔会'散会后，当晚我们这些外地来的人坐夜班火车到成都。恰巧我的中铺下面是汪老，这时候的他已经显出疲态，我坐在他的下铺同他简单地说了一些当年在高邮的情况，怕影响他休息，便爬上了我的铺位。不久就听到他的鼾声。"（叶橹《"汪味"点滴》，《永远的汪曾祺》，上海远东出版社2008年版）

在四川汪先生究竟喝了多少白酒，谁也不知道，但就别人所知而言，其量不少，自然是超量的。不过，汪先生自己是如何说的呢？

在汪先生去世前几天，苏北于5月9日去看他，苏北问他喝没喝酒。"他还那么站着，瞪着眼睛看我：到了宜宾、五粮液酒厂、还能不喝一点？"他的口气很特别，我只有用两个顿号表示。我问他喝多少，他脱口说：'三大杯！'"（苏北《忆·读汪曾祺》，安徽文艺出版社2012年版）这三大杯，自然不是说其总量耳！每次三大杯，汪先生过量矣！

在住院期间，汪先生的子女自然要问问在四川喝酒的情况，汪老也知道逃不了这一关，他"向汪朗承认，在四川喝了白酒，超了量"。"1997年4月底，爸应邀去四川参加'五粮液笔会'。临行前，我们再三警告他：不准喝白酒。爸让我们放心，说他懂得其中的利害。回北京没两天，5月11日夜里，爸因肝硬化造成的食道静脉曲张破裂而大量吐血。这次他真的知道了利害。在医生面前，他像一个诚实的孩子。'在四川，我喝了白酒，'爸费力地抬起插着胶管的手，用拇指和食指比划着，'这样大的杯子，一共六杯。'"（《老头儿汪曾祺：我们眼中的父亲》）

总之，尽管在四川汪老破戒喝了白酒，而且是超量了，但当时的身体状况似乎还算可以，看不出有什么大病的样子，更看不出仅有半月之期,"酒仙"将魂归道山。

汪老去世后,关于他在四川贪杯的消息不胫而走,文学界、社会上迅速流布着他因酒而逝的传闻。有一些话,甚至出于他的朋友之口。例如:他的知交老朋友范用就曾对前来访问他的台湾作家李怀宇说过:"汪曾祺喝的酒太厉害了,跑到四川的酒厂里去喝酒,就是喝酒把命送了。唉,我不让他喝白酒,我跟他喝啤酒。"

但林斤澜先生坚决予以否认,他分辩道:"新近,还读到一篇纪念文章,写着汪曾祺到了五粮液酒厂——'豪饮',血管破裂,已经有几篇文篇说明不是这样情况,朋友们还是'先入为主'。一年前,不少友好听说汪老辞世,觉得突然,不免想到酒上头去,说是酒的缘故。因为他是'美食家',又以'饮者'著名。他的病变根源,实在也与酒关联。但,'豪饮'的事,到了九十年代,就已经没有了。"(见《〈纪终年〉补》,载《流火流年》,大象出版社2000年版)

邓友梅对曾祺的自控能力十分肯定。他断言,汪先生之死与参加五粮液酒厂的笔会没有关系。他说:"曾祺嗜酒,但不酗酒。四十余年共饮,没见他喝醉过。斤澜有过走路撞树的勇敢,我有躺在地上不肯起来的谦虚,曾祺顶多舌头硬点,从没有过失态。他喜欢边饮边聊,但反对闹酒。如果有人强行敬酒,闹酒,他宁可不喝。我跟他一块参加宴会,总要悄声嘱咐东道主,只把一瓶好酒放在他面前就行,不要敬也不必劝,更不必替他斟酒。大家假装看不见他,他喝得最舒服,最尽兴。"(《再说汪曾祺》)

关于汪曾祺是否因喝酒而死,我以为汪先生的酒友知交陆文夫说得很到位:"饮者留其名也有一点不那么好听的名声,说起来某人是喝酒喝死了的,汪曾祺也逃不脱这一点,有人说他是某次躬逢盛宴,饮酒稍多引发痼疾而亡。有人说不对,某次盛宴他没有多喝。其实,多喝少喝都不是主要的,除非是汪曾祺能活百岁,要不然的话,他的死总是和酒有关系,岂止汪曾祺,酒仙之如李白,人家也要说他是喝酒喝死了的。"(《做鬼亦陶然》,《深巷里的琵琶声:陆文夫散文百篇》,上海文艺出版社2005年版)

汪老的遽然辞世,我概括为四个主要原因:一、在四川多喝了白酒;二、在四川太累了;三、患病多年,身体已经很差了;四、《沙家浜》署名一事打击太大。

在四川多喝了白酒的情况,上述资料可作佐证。后两个原因,报刊已有不少文章论及,兹不赘述。下面且把第二个原因简略说一说。

在四川太累了。这个累,不是指四川笔会的正式活动,而是指在笔会期间的应酬活动,尤其是书画应酬活动。在此不妨简要地引一些现场者的"实录"——

林斤澜说:"听说跟他要字要画的人很多,直写到半夜,也有躺下了还叫起来要的时候。"(《纪终年》)

白桦说:"从4月26日至5月3日,每天晚上他都比大家辛苦,许多求字画的人围着他请他写字绘画,他都有求必应,一直写到深夜。"(《"假我十年闲粥饭"——送别汪曾祺老兄》)

唐达成说:"有时住宾馆,往往陷入重围,年轻的服务员、厨师、司机都要向他要字要画,他也都一一满足,一站就几个小时,甚至直到深夜。我们都觉得这样搞,老人太劳累了,但他却不忍

拂拒，从他对人的体谅和善意中，可以见出他豁达的性格。"(《幽兰自芬芳——悼汪老》)

叶橹说："整个会议期间，留给我印象最深的，是他总是在一些人群的包围中不断地写字，……他在会议期间的写字，可以毫不夸张地说构成了一道独特的风景。向他求'墨宝'的人似乎特别的多，而他也有点来者不拒的味道。我甚至对邵燕祥说：'像汪老这样不停地写，能吃得消吗？'"(叶橹《"汪味"点滴》)

刘锡诚说得更为详细和具体："汪老在这次笔会上，成了明星，时刻被一些年轻作家，特别是女作家们包围着，被人们拉去写字和画画，有时竟写到凌晨一两点……我看到这种盛况，虽然也为老先生怀着某种隐忧和担心，但在这种场合又不便于挤到近前去照顾他，说些令人扫兴的话。只是有一次，在宜宾五粮液的展览厅里，主人安排作家们留墨宝时，汪老不断地泼墨写字绘画，几个小时下来，已经感到很累了，可是当他写完一张又一张字画后，又有一位女作家来求字，他实在是不想再写了，就说要休息一下，于是在我旁边的一把靠椅上坐了下来。他歪过身来悄声地问我：'这位女同志是谁？要不要给她写？'我告诉他是某人，休息一会就给她写一张吧。哪里知道，他刚给这位女作家写完，又有一位颇有名气的作家接着把宣纸送到了他的面前。我看到他那无奈的表情，便把他扶走了。这些日子里，他早晨起床都很晚，我们总是在他的住房门外等他一起去吃早餐。他说：'昨天晚上睡得太晚了，昨天晚上睡下后，又被叫起来写字，一直写到下一点！'"(《一个抒情的人道主义者》)

第十一章　不如且饮五粮液　175

　　刘火说："在竹海深处一个很有名的景点，与汪曾祺先生合影的人很多，也至于在那块石头边停留了许久的汪先生发出了一句幽默的话：哎，我都成了拍摄的道具了。这句话，至今我记得很清楚。一位上了岁数的人，老是那么站着，又老是那样对着照相机，不要说是有些尴尬，累也够累的了。……一天的游览结束了，至晚，作家访问团住进了竹海的一家星级酒店。进餐、劝酒、说话……然后，各自回到各自的房间。许多人都知道，汪先生写了一手好字，还可以画一手好画，市县的接待官员和市县的陪侍人员，当然不会错过这样的机会。就是我张罗好这一切，让留墨的高兴，也让得墨的更高兴，我们省作家协会的一名写好字的副主席陈先生陪着汪先生，跟着汪先生，减轻点压力。确实时间不早了，而且产好酒的地方总是希望客多喝的。所以，汪先生在给县上的文化局长画了一幅墨荷后就执意不干了。汪先生说，还说竹海的酒不醉人，哪儿有不醉人的酒啊，休息了，不画了。说完，就径自回里间了。"但是，此时刘火本人实在不想放弃汪老墨宝的机会，便求汪先生为他写副对联，居然汪老还就答应了。刘火写道："确实是有些醉意的汪先生，在三尺宣上落墨后还说了一句，对不起了，这次从北京出来，没有带上印。"（《有一条幅值得纪念——怀汪曾祺先生》）

　　在四川频繁的应酬、超载的书画，加上过量的饮酒，显然是极大地损害了汪老本来就老弱的病躯，但他却从未对人言说，仍旧是强打起精神乐呵呵地告别成都。这个累，他似乎只在无意间向谭湘"诉过苦"。谭湘在回忆汪老的一文中写道：

　　5月6日（编者注，离汪老去世前十天）"那天一见面，汪老就拉住我的手：'谭湘啊，这次上四川，把我累坏了，写大字，一"丈"长的大字……'我没有听清是'一丈'还是'一米'，当时便唏嘘一番，心疼不已。"（《相约在春季——散忆汪曾祺先生》，《谭湘随笔：城市徜徉》，河北教育出版社2002年版）

四川之行，汪先生创作了三首诗和两副楹联。有两首诗是写石林的。石林，位于兴文县石林镇世界地质公园，有石海、石林、溶洞三部分，方圆达十余公里。景点甚多，千奇百怪，具广西桂林溶洞之美、云南路南石林之秀，其牧童岩、夫妻岩是令游客流连忘返、叹为观止的两个景点。汪老观后，雅兴勃发，成诗"石林二景"两首：

牧童岩

牧童坐高岩，吹笛唤羊归。
一曲几千载，羊犹不下来。

夫妻岩

丈夫治行李，势将远别离。
叮咛千万语，何日是归期？

诗后跋云：

十余年前曾游石林，见诸景皆酷肖，非出附会。今足力已衰，不复能登山矣。怅怅！一九九七年四月。

这首诗当是汪先生在世的最后诗作之一,其"怅怅"两字,蕴涵着汪老一种深层次的感慨,令人读之亦不禁为之"怅怅"也!

5月1日上午,汪曾祺在参观五粮液酒厂后,于酒文化博览馆挥毫题句云:

　　　　十里酒城;
　　　　无边春色。

接着,又题写了一首五言诗:

　　　　长江江心水,分月归春瓮。
　　　　五粮实新熟,禾香秋风送。
　　　　醇酿之为醪,实乃天之供。
　　　　至盛兴矣哉,朗吟酒德颂。

后来还撰书了一联:

　　　　任尔通读四库书;
　　　　不如且饮五粮液。

众所周知,汪先生写过《烟赋》,也写过不少关于茶的美文;唯独对一生钟爱的酒,却没有写过一篇文章,这不仅令人想不到,也想不通。作家段海峰就说:"他这么爱酒,按说该有不少写酒的文章,可是怪,以我的孤陋寡闻,却极少读到。"(段海峰《汪曾祺先生赠字》,刊《山高水长:张中行和那些老先生们的故事》,北方文艺出版社2011年版)是呀,古往今来,哪个酒仙没有留下脍炙人口的吟诵酒的诗文?哪个饮者没有留下千古传唱的名篇妙句?其实,汪先生也是打算写的,有一次,崔普权就此当面问过汪先生,崔普权说:"写了许多文章、出了不少书的汪曾祺,却没有写过有关酒的文章。我就此问汪老,先生说:'起笔写的时候就想喝酒,喝上酒了就写不成啦!'"(《也馋》,人民日报出版社2015年版)我以为,汪老若要写,那就不是应酬文字,而是要写出令自己满意、使他人陶醉的文章,要像《岳阳楼记》《桃花源记》一样,与前贤媲美,留后世品读。然而,汪先生没有机会了,老天只给了他半月"闲粥饭"。那留在五粮液酒厂的翰墨,既是"酒仙"汪夫子即兴写下的"酒诗",也是"泡在酒里的老头儿"与酒作最后的颂歌,做最后的吻别!那一诗两联,竟是先生关于酒的绝笔之作。悲夫!哀哉!

在四川五粮液笔会开幕式宴席上,汪曾祺与西南联大的老同学马识途坐在一起。席间,他们有一段有趣的对话。马识途在回忆文章中写道:

"汪曾祺看我年岁比他大,身体都比他好,问我:'你身体这么好,有什么养生之道?'我回答说:'我们四川有位百岁老人张秀熟,人家问他的养生之道,他说:'我的养生之道,第一抽烟,第二喝酒,第三不运动。'我的养生之道是奉行张老的养生哲学,而不奉行他的具体措施,我一不喝酒,二不抽烟,三坚持运动。但是我欣赏张老的养生哲学,那就是'听其自然,颐养天年'。这个养生哲学很好。他的说法是,要吃的就吃,要玩的就玩,要做的事就做。不要一天到晚,忧心忡忡,怕活不长。到处去打听长寿秘方,无病大养,小病大治,吃各种补药,听各种偏方,做各种功法,辛苦得很。往往是怕死的不长寿。他不怕死,听其自然,反倒长寿了。达观,我看就是最好的长寿之道。汪曾祺听我说了,很以为然。"(《想念汪曾祺》)

其实,汪曾祺之"很以为然",是出于对老同学的尊重,汪先生与张秀熟的"养生之道"毫无二致,只是当着马识途的面未明说罢了。这个"三不",他早就践行多年了。他曾和徐城北说过,"我这个'五毒俱全',既抽烟又喝酒,外加上不锻炼",他接着又补充说,"可身体还不错,靠的就是书画,这比每天一早出动锻炼要强百倍……"(徐城北《忆汪曾祺》,《你好汪曾祺》,山东画报出版社 2007 年版)

汪曾祺与作家、画家鲁光闲聊时也提出过"三不"。那是 1994 年,汪曾祺与鲁光参加中国作协举办的中国作家十人书画展期间说的,也是在开幕式后的宴席上说的。

鲁光那天与汪先生同桌,同桌的还有医学家吴阶平和夫人,作家管桦等。且抄录鲁光在日记上记下的与汪曾祺共饮的一段回忆:

"汪曾祺七十四岁,看上去要比实际年龄苍老许多。他穿一件酱黄色毛衣,抽烟,喝茶。因为有医学专家吴阶平先生在座,汪先生便引经据典,大发议论。他说:'我过去曾与叶圣陶邻居。叶老说,'我的养生之道三不:一不戒烟,二不戒酒,三不运动'。

我是叶老的支持者,尽管老婆管着,但每天要喝白酒四两。老抽烟,老婆便老开窗。这么冷的天,她也开窗。还爱睡懒觉,醒了也爱躺着不起床。躺着想事,把一天要做的事想好了才起床。'"(鲁光《日记中的画家朋友》,《近墨者黑》,生活·读书·新知三联出版社2011年版)

湖北的作家郭晓春曾访问过汪曾祺,后来写了一篇《黑脸上那双老眼——访汪曾祺》,刊于1994年6月11日的《武汉晚报》,文章的最后一段写道:那天,郭晓春问汪老,"保持那旺盛的文思有何秘诀?汪老脱口道:不戒烟、不戒酒、不散步"。

汪老对戒酒是很反感的,也是很痛苦的。因病而戒迫不得已也!无可奈何也。

汪老的子女回忆说:"记得有一次和爸一起看电视,谈到生态平衡的问题。爸说:'如果让我戒了酒,就是破坏了我的生态平衡。那样活得再长,有什么意思!'也许,爸爸注定了要一生以酒为伴。酒使他聪明,使他快活,使他的生命色彩斑斓。这在他,是幸福的。"(汪明《"泡"在酒里的老头儿》,《老头儿汪曾祺:我们眼中的父亲》,中国人民大学出版社2000年版)

我也曾听到一个传闻,一位算命先生曾对汪先生说过:"要是你戒了烟酒,你还能活二十年。"不料汪先生劈口却说:"我不抽烟不喝酒,活着干吗呀?!"

深知汪曾祺的邓友梅也说:"曾祺曾给我的朋友们讲过一件趣事。京剧团有个老演员参加体检,医生看了他的各项化验后说:'您的身体不错。可是不能再抽烟喝酒了,只要你下决心马上戒烟断酒,再活二十年没问题!'老演员说:'不抽烟不喝酒了,

那活着还有什么意思？'在潜意识里，曾祺可能是欣赏这位演员的烟酒观的。"（邓友梅《再说汪曾祺》）

汪先生除多次说过"三不"外，还偶尔提过"三乐"。

汪先生认为老人有三乐，第一位就是喝酒，其次是穿破衣服及无事可做。这话当然是在畅饮之际讲的。一次苏北和几个朋友到他家去，汪先生拿出一瓶黄永玉设计包装的酒鬼酒给他们喝，汪先生说这话时，想必是很惬意的。（见苏北《忆·读汪曾祺》，安徽文艺出版社2012年版）

汪先生的这个"三乐"，可谓是对"三不"的强调和补充。其实，"三不"也罢，"三乐"也罢，都是老夫子"生活家"的本质的一种体现，是他"随遇而安"的人生哲学的一种反映。

第十二章　断送一生唯有酒

汪先生曾给他胞弟汪海珊写过两副对联，这两副对联都与酒相关。第一联写于1981年，那年他第一次回到了阔别四十年的家乡，联文为：

金罂密贮封缸酒；
玉树双开迟桂花。

封缸酒者，江苏之佳酿也。古代曾被奉为贡品，工艺流程颇为讲究：以精白糯米为原料，用药酒为糖化发酵剂，待糖分达到高峰时，兑入五十度以上的小曲米酒后立刻密封缸口，养醅后抽取百分之六十的精液，再压榨出醅中之酒，后再按比例勾配，定量灌坛后又严密封口，贮存五年才能成品。此处汪老借封缸酒喻醇厚的亲情，可谓情深意长，贴切工巧也。

第二副联则别有意蕴矣。联文如下：

第十二章 断送一生唯有酒

断送一生唯有；

清除万虑无过。

此联也是针对酒而言的。

汪老撰书此联时为1993年，已查出因长期饮酒使肝部损坏。医生不准再喝白酒，只能少饮一点葡萄酒了。所言之酒，爱之乎？恨之乎？

汪先生遽然辞世，不少人不相信，特别是在不久前还见过面、聊过天的人。

"曾祺先生逝世的噩耗传来，我不胜愕然，一时无法相信这是真的。11天前，曾祺老、林斤澜夫妇与我和夫人刚刚从成都双流机场乘同一架飞机回京，两天后我又同他通过电话，问他这次在四川参加中国当代作家五粮液笔会连日劳顿，身体感觉如何，他在电话里回答我说他的身体没有问题，还反过来问候我的老伴马昌仪怎么样。"（刘锡诚《我是个文体家——忆汪曾祺先生》）

1997年4月底，也就是在汪先生去世前的二十天，广西作家彭匈去拜访他，"那天中午，我们在一家川菜馆吃饭……汪先生说他酒量减了，毕竟七十七了，又患有食道静脉曲张，可那天他仍然喝得多"。汪先生去世后，彭匈想到那天的情景就难过，在《千山响杜鹃》的悼念文章中，他特地记叙了这件酒事。

从四川回京后，汪曾祺大概还沉浸在对酒的"回味"之中，"酒瘾"仍然不小，夫人和医生的禁令似乎已经摆在一旁了。王干回忆说："他（指汪曾祺）去世前的半个月，那天有个法国人要吃正宗的北京豆汁，汪曾祺就做了改进，加了一点羊油和毛豆熬，他告诉我说,豆汁这东西特吸油,猪油多了又腻,正好家里的羊油又派不上用场,羊油鲜而不腻,熬豆汁合味。他说'合味'的'合'发的是高邮乡音'ge'。这豆汁果然下酒,我们俩喝了一瓶酒。"(王干《汪曾祺:唤起青年对母语的热爱——初读似水,再读似酒》)王干清清楚楚地记得和汪先生去世前的一次交谈共饮:"那天,我在文采阁开完黄蓓佳的儿童文学作品讨论会,等吃完饭赶到他那里,已是十点钟了,汪先生知我好酒,每次到他家都会喝一些酒,这一次他开了一瓶干红,说,今天我已经喝过了,陪你喝一杯。我看他脸色微红,说好,剩下的我包干。每次都是这样,他做完菜,喝两杯,然后劝我喝酒吃菜,他在一旁看着,似乎那桌上的菜不仅是他的作品,连我在内也成了他作品的一部分……汪先生看了吃得香,又喝了一杯。我们边喝边聊,快一点钟了,我赶紧告辞。他将我送到电梯口,说,下次到北京再来喝吧。没想到,这竟成了诀别。"(《赤子其人,赤子其文》)后来,我曾询问王干,"你们俩喝了一瓶酒"是什么酒啊,王干说,是红酒。可见此时汪老于酒自控尚可也。

4月17日下午,《中国民族博览》的编辑凤洁去汪老家请他为杂志题词,印象上,"那天汪老精神很好",不仅为杂志题了词(故国山河壮,各族俊才多),而且送了凤洁一幅《紫藤图》的画;还和凤洁谈了他前几天梦见沈从文的事……(凤洁《汪曾祺最后的梦——哭汪曾祺先生》)可见,发病尚无任何迹象也!

5月9日那天,苏北带了孩子去看望汪老,晚上留他吃饭。汪先生拿了五粮液要苏北喝,"他拿了一瓶葡萄酒自斟自饮,喝了好几大杯!"(苏北《忆汪十记》,载《忆·读汪曾祺》,安徽

文艺出版社 2012 年版）

　　在汪曾祺去世前一个星期，画家崔自默也曾去汪府看他。汪先生为崔自默的咸阳秦砖拓片上题了字，崔自然邀约汪先生说："喝一次酒，喝半盅不会伤身体，先生也慨允。不幸的是，那次竟成永别。""先生也慨允"这大约不是什么客气话。先生重情谊，且于白酒不能忘怀，故慨允也。（崔自默《想念汪曾祺》，刊《永远的汪曾祺》，上海远东出版社 2008 年版）

　　一天上午，作家麦风和刘丹去拜访汪先生，不知不觉已近中午就餐时间，汪先生夫妇已准备好留饭，麦风回忆说：

　　"汪先生……最先拿起了筷子。我想起了我带来的白酒，起身拿起一瓶酒打开。汪夫人又拿来了两个杯子，我往杯子里倒酒，一杯递给汪老，另一杯留给我自己。汪先生说：'现在喝不动了。'我笑笑说：'半个中国的人都知道您喜欢喝酒。只是别像您年轻的时候，一喝半斤，每顿一两，舒筋活血。'我说到这儿，停了停，和汪老分别喝了一小口酒：'有人说您在五粮液厂访问后给他们写的文章写得太过火，我说汪老喝了人家五粮液酒厂的酒以后，以文人的浪漫说一些溢美之词，也没有什么不好理解嘛。'汪曾祺先生听我说完，笑着点点头说：'你这回带来这个酒我喝过，86 年去沈阳时喝的，还挺好喝的。'"（麦风《回忆汪曾祺先生二三事》）

　　谭湘在 5 月初也与汪老见了面，她约了汪老在 5 月 6 日那天"出门'踏青'。我们一同游陶然亭，一同乘脚踏船，一同在酒楼吃饭，听汪老说笑话、讲故事，给我们共同的游玩录像……""为了找一家合适的饭店吃饭，轿车在城市中奔驰了近两个小时……年过七十的老人，临近吃饭时间，在车上颠簸近两个小时……那天与汪老分手时，汪老气色很好，情绪稳定、高兴……"（《相约在春季——散忆汪曾祺先生》，《谭湘随笔：城市徜徉》，河北教育出版社 2002 年版）可见，那一天汪先生累归累，但是很开心的，况且既在酒楼用餐，那酒自然是少不了的；即便不是白酒，那葡萄酒、啤酒是断不可少的。

5 月 9 日，汪先生的外甥金传捷在高邮家中与汪老通了电话。"他在电话中告诉我说刚从四川参加五粮液笔会回京。我听得出，他很高兴，而且讲话时中气也足。我问他最近可忙，他说：'忙，忙得简直不可开交。'我劝他注意休息，并告诉他，家里人想他回来住段时间。他笑了，说：'我这两年特别想家，真想回高邮住上两三个月，总抽不开身。'我问他，今年 10 月 8 日，高邮要举办首届中国邮文化节，是否能乘这个机会回来一趟。他想了想，说：'大概可以，反正时间还早，再说吧。'"（《我的舅舅汪曾祺》）

江苏南通作家黄步千与汪老很熟，经常联系，汪老曾送他多幅字画，并为他的小说写过序言。黄步千邀约汪老去一趟南通。"1997 年 4 月，我接到汪老从北京打来的电话，说他最近去宜宾开笔会，预备回京后就和王蒙、邓友梅到南通来看看。"（《我是濠河的儿子》）

张国华是汪老在鲁迅文学院的学生，在 1996 年 4 月，向汪老提出了他想写《汪曾祺传》的愿望。1997 年初，他想把已写《汪曾祺传》的部分章节寄汪老过目。5 月 10 日，他与汪老通了电话。汪老告诉张国华："他刚从四川参加笔会回京，12 日又要去太湖，约 20 日返京，叫我（张国华）赶紧将稿子寄过去，等他从太湖回后就有空看稿子。"……"第二天，也就是 5 月 11 日，我又与汪老通了电话，就写作《汪曾祺传》需要解惑的几个问题请教了汪老，他在电话里的声音很洪亮，没有半点不适之感，话语亲切。"（张国华《我的老师汪曾祺》，民主与建设出版社有限责任公司 2015 年版）

到南通和参加南太湖笔会的事，林斤澜先生也知道。汪老还约了老朋友一道去南通。林斤澜先生在《纪终年》一文中说："五月四日，各自回到家中，本打算休息一阵，再一同去趟江苏南通，这是到四川前约下的。不想才两三天，打电话来说，女作家们在太湖有个聚会，特请老头参加。"（林斤澜《流火流年》，大象出版社 2000 年版）

关于汪老打算参加"南太湖笔会"一事，袁敏在《汪曾祺给我杏花图》一文中叙述得较为具体详细，袁敏时为浙江《东海》综合组组长，第一次登门去汪老家约稿，因儿子才刚生九个多月，只好带着他出差了。文中说：

这时，老汪头从书房里走了出来，笑呵呵地说："是小猴来了吗？那今天就是小猴拜老猴啦！"

中午，老汪头留饭。……老汪头抢过我的儿子，坚持要他来喂（蒸鸡蛋羹）。没想到还没喂上一口，小猴就稀里哗啦一泡大尿，撒了老汪头一身。我尴尬至极，一个劲地说对不起。老汪头却哈哈大笑，说："好！男子汉大丈夫，想尿就尿！……"

后来，我调到北京工作，隔一段时间就会带着小猴去拜老猴,每次都很开心。

1997年春末夏初,浙江湖州《南太湖》杂志的主编马雪枫给我来电话,说杂志社要举办一个南太湖女作家笔会,想让我替他们在京城邀请几位大作家与会,最想邀请的就是汪曾祺先生……

到老汪头府上转达《南太湖》的邀请时,才知道老头刚从宜宾参加一个文学活动回来。宜宾是酒乡,老头又好酒,尽管老头自知肝脏不好,医嘱不能喝酒,但到了酒乡,哪还能自控节制?加上主办方活动安排较紧,弄得人很疲惫。听我说明来意,老头便推辞说身体吃不消,去不了。我看老头脸色发黑,精神确实不佳,便不好再说什么,只得怏怏地起身,打算离开。老头大约看出了我的失望,说,你那位朋友叫什么名字?我说,叫马雪枫,下雪的雪,红枫的枫。老头说,袁敏你等一等,我给你和你的朋友各画一幅画吧。我闻言不由喜出望外,大有因祸得福之感。老头给我画了一幅《杏花图》,给我的那位老友画了一幅《雪地红梅》。我当时心里还略略有点妒忌之意,觉得汪老将我朋友的名字寓意画中,似乎更用心呢!我哪里会想到,老头其时已经走到生命的边缘,他是用心血在给我们留下绝笔呢!

晚上回到家,便给老友打电话,告知她老汪头身体不太好,笔会去不了了。朋友自然失望,脱口说,你告诉汪曾祺先生,我们给他专门定制了一盒最上好的手工湖笔呢!他一定喜欢的。我搁下老友电话,又给老汪头打电话，告诉他朋友为他备下的手工湖笔的事儿。老汪头在电话那头迟疑片刻，轻轻叹了口气，说：那你明天来取我的身份证，给我订机票吧。我心里一阵狂喜，庆幸事情出现转机。哪里想到，深夜时，老汪头的女儿汪朝突然来电话，说老爸突然便血不止，已送医院抢救。

对参加南太湖笔会，其实汪先生心里是很想去的。5月9日那天，苏北在汪府晚餐后告辞之际，汪先生告诉苏北："他说还要到环太湖三县去参加一个活动，是个什么女作者笔会。他说，都是些小丫头片子，我去干什么？他又告诉我，对方说，那些小丫头想见见我！"言语中，洋溢着几分自得，流露出十分期待之情。（苏北《一汪情深：回忆汪曾祺先生》，上海远东出版社2009年版）

5月15日那天，《扬州日报》的记者高蓓采访了他，他还高兴地对高蓓说起要到江南参加笔会的事——"汪老告诉我，过几天将应邀去江南的杭州、湖州、苏州、无锡等地参加笔会。……这次笔会是一次云集了较多女作家的笔会。汪老说，不知他们为什么偏偏要邀我这个老头子去，我说：'汪老是散文大家，又是个很风趣、幽默的人，她们是邀您做党代表吧。'汪老听罢此言哈哈大笑，连声说：'对的，她们就是这么说的。'"（高蓓《汪曾祺先生之风山高水长》，刊《走向卓越》，南京大学出版社2005年版）

关于去取消"南太湖笔会"事，汪朝也详细地记述了过程："从四川回来，休息了一个星期，太湖又有个笔会约他参加，机票都订了。妈对爸前两次出门都没表示反对，只是念叨着怎么还不回来,她的精神很衰弱了。这次却一反常态,突然叫道:'不许去!'爸赔笑说:'我得去呀,那边笔会还专门为我制了毛笔哩。'妈说:'算了吧,笔我也能给你买!'这时,江苏又想请他去做个电视节目。爸竟然想自己买机票先去南京再去太湖。我坚决反对,他已年近八十了,身体不好,走路也不利索。每次出门都有年轻人前后照顾得很周到,怎么可能自己提着行李跑来跑去呢?以他的能力,只怕连飞机都找不到!正在争执不下时,忽然发现爸的腿有些肿,去年就曾因此带他去医院检查过。这下爸才有点紧张,打电话通知对方不去做节目了。"(汪朝《我们的爸》,《我们的老头汪曾祺》,时代国际出版有限公司2010年版)

再补叙一下汪老要去江苏做电视节目的事。

陆建华在《汪曾祺最后的"剪影"》中追忆了他于5月初与汪老接触的情况——

"5月初,江苏电视台《大写真》栏目编辑要托笔者邀请他来宁,请他就江苏建设文化大省的问题谈谈建议和看法,我觉得这个设想很好……但在听我转达了江苏电视台的邀请后,他有些为难地说:'你们早些联系就好了,我已接受浙江方面一个邀请,13日去杭州,参加一个作家笔会,大约一周时间。'我再三转达省电视台的诚意邀请,希望他在去浙江之前先到南京,既接受电视采访,同时与江苏文艺出版社再当面商议一下《汪曾祺文集》的第四次印刷及我刚刚完成的《汪曾祺传》的出版问题,本来对故乡就魂牵梦绕的汪曾祺听后,也就同意了去浙江之前先到江苏。但9日晚,汪老突然打电话到我家中,十分为难地表示,江苏之行恐怕有困难,电话中传来他疲乏的声音:'我感到累,先到江苏,再到浙江,实在吃不消。'"

为请汪老来南京事，江苏电视台的同志曾直接打电话与汪老联系过。5月9日中午通了电话，5月10日又通了电话，汪老说的话和与陆建华所说的话意思差不多；不同的是，当电视台的同志"提出是否可以赴京登门采访？汪老略加思索后答应我们，过两天联系一下再定！12日上午，我们又拨响了汪老寓所的电话，这时传来的是一个怯生生的女孩（保姆）的声音：'汪老昨夜急病，吐血，已送友谊医院抢救……'"（李浙湘、李建勋《心系桑梓乘鹤去——故乡人追记对汪曾祺先生未完成的采访》）

高蓓是最后一位采访汪曾祺的记者，那时她在《扬州晚报》任职。5月10日，高蓓打电话给汪老要求采访。汪老答应了她的要求，约她明天到中国作协去见面，因中国作协有个迎接香港回归倒计50天的聚会，汪老要去的。

第二天，高蓓赶到会场，却不见一个人影，她只好打电话约汪老，汪老说是日期记错了，对不起，要高蓓到他家里去。高蓓回忆说，那天，汪老情绪很好，穿着准备开会去的西装在楼下等高蓓，并按高蓓的要求拍了好二十几张照片，特别令高蓓意外惊喜的是，汪老还送了她一幅字、一幅画，并留她吃了一顿美食家亲自做的炸酱面和几盘凉菜。那字写的是"细雨鱼儿出，微风燕子斜"，画的是丁香花，字体婀娜洒脱，画面生机盎然，看不出有一丝半毫生命即将逝去的征兆。在高蓓拍摄他为香港回归祖国而创作的梅花紫荆图时，他还颇有信心地笑着对高蓓说："我再活十年应该是有希望的，我可以看到香港回归祖国怀抱的那一天，我还要写很多作品呢！"（见高蓓《汪曾祺：先生之风山高水长》，

《走向卓越》，南京大学出版社2005年版）

在汪老出事的那天清晨，对门邻居杨乔、詹国枢见到他也还是高高兴兴、神清气爽的样子。杨乔回忆说：

"5月11日，我清楚地记得那是一个星期天。我同老公一早经过老先生的门口，见他穿着浅灰色的西装，笔挺；一双新的黄色皮凉鞋，很精神的样子。我说：老先生有什么外事活动？他十分高兴地说：香港回归前50天，作协要搞个活动，非叫去不可。我说：那又得去画幅画啰？老先生说：早就画好啦，那么多人围着，画什么呀！到时再写几个字就行了。买菜回来，看见老先生还在门口，等着车来接。中午，我同老公去西单，看见老先生正从大门往院里走来，我说您怎么这么早就回来了！他不好意思地笑着说：记错了，是明天！"（杨乔《我的邻居——汪曾祺》，载《你好汪曾祺》，山东画报出版社2007年版）

综上所述，汪老从四川返京后，自我感觉尚好，在别人眼里看来，也是正常的。汪老的子女也说："爸从四川参加五粮液笔会回来，感觉有点不舒服，都以为是累的，我们劝他好好休息。爸笑着说：'哪儿有那么娇气？'他说还得抓紧时间'挣挣稿费'。"（《老头儿汪曾祺：我们眼中的父亲》）

从四川回京后，尽管汪先生感到有些疲乏，但精神状态不错，要吃酒、能喝酒也是一个证明。还有一个明证就是，他不仅兴致勃勃地承诺了一些活动，接待了几批登门拜访的客人，还撰写了颇有分量的文章和创作了有纪念意义的画。

因《北京晚报·名家侧影》专栏等着在5月10日发他写铁凝的文章，汪曾祺先生于5月8日凌晨四时半即起床动笔撰写，一气呵成地写好了《铁凝印象》，并在文末标注了一句：

一九九七年五月八日凌晨

汪老十分赏识铁凝的非凡才华。他在文章中说，他很想"好好地写一写她，但是恐怕没有这样的机遇"。汪老为文，习惯是深思熟虑后才动笔，文章后写上这一句时，为什么要写上这一句呢？汪老想到了什么呢？现在已无法知道了，但值得在这里说一说的是，汪老的"绝笔"是深深感动了铁凝的。在1997年5月28日送别汪老的北京八宝山大厅里，铁凝去了，一脸悲恸。2007年5月18日，在纪念汪老逝世十周年座谈会上，已任中国作协主席的铁凝出席座谈会并讲了话。她动情地说："从上世纪八十年代后期到汪老去世前，我曾有机会多次与汪老交谈，他幽默的谈吐，乐观爽朗的人生态度，贯通古今的学养，奖掖后人的热情，时时感染着我。……今年新春之际，我和几位同志走访在京的一些老作家，那时我常常会想，要是汪老还在世该多好，我又可以走到他的面前，和他聊天，听他富有感染力的教诲。路过蒲黄榆的时候，这种想法就更强烈！"（铁凝《人间送小温——怀念汪曾祺先生》随后，还为高邮的"汪曾祺文学馆"题了词，文曰：永远怀念汪曾祺老。

《铁凝印象》写好后，汪老打电话要《名家侧影》的主编何镇邦来拿，何镇邦说：那天"从电话里都听出他声音中的一种疲劳之感"；而当何镇邦上门来取这篇文章时，"我们还聊至深夜，还相约我回京后再聊；而在此前后，他不止一次地表示要多活几年，争取跨进新的世纪，再写点好文章"。（何镇邦《中国一位纯粹的文人——汪曾祺先生周年祭》，载《笔墨春秋》，群众出版社1998年版）

从四川回京，汪老还完成了一幅具有纪念意义的画——《喜迎香港回归》，这是应中国作协举行香港回归倒计时50天庆祝会展览而创作的。画的是梅花和紫荆花。由于画幅较大，且题材严肃，加之连日劳累，应酬事多，未免心力不济，不能一气呵成，直至5月8日夜晚，汪老还在戴着老花眼镜，在灯光下一丝不苟地挥毫落墨。汪先生作画时，常有边画边饮的习惯，那天是否如此呢？因未见相关资料，我就不妄测了。庆祝会原定于5月12日，5月11日，《扬州晚报》记者高蓓来采访时，欣喜地拍摄了这幅画。汪老感叹地说：明天画要带到会上展览，邓小平作为改革开放的总设计师，未能看到香港回归祖国，多可惜啊！

不过，汪老对自己的身体状况似乎并不十分了解，把握不准。有时感觉不错、情绪不错时，还写文章、画画、参加活动，并有下一步的打算；而感觉欠佳、情绪低落时，甚至流露出一种对生命悲观黯淡的预测。

其实，在去四川之前，汪老的身体状况已经很差了。野莽回忆了当年见到汪老的情况：

"那年（1997年3月）那天我看汪老的背都弯成了一张弓，在影集中艰难地寻找半个世纪以前的旧照，把与沈从文先生五十年代的合影错说成是'解放'前，又把与老师母的婚后照记成了恋爱期，上气不接下气地喘着，回头对我说，我那时也是一个小帅哥啊！说这话时，汪老眼里闪闪地亮着，分明是无限怀恋纸上的岁月。老师母在隔壁一次次呼唤他的名字，他便踽踽地走过去，嘴里唠叨着。……步态迟缓，时而还踉跄一下……"（见野莽《汪老在1997》，载《此情可待》，地震出版社2014年版）

是否汪老于其时感觉到死神的微笑呢？汪老去世后，有人回忆起当时的一些状况，似乎汪老本人或许已经意识到某种不祥之兆了。1997年初，为长江文艺出版社出一套"中国当代才子书·汪曾祺卷"事，野莽趋汪府与汪老商谈此事，"那套书定在当年出版，跟长江文艺出版社的周百义签合同时，提到再版事宜，汪老摇头说：'那时人都死了，你们怎么办都行。'"（见野莽《汪老在1997》，载《此情可待》，地震出版社2014年版）

1995年7月，苏北带了几瓶酒去汪老家，同去的还有一位报社的女同志。苏北说："'给您带瓶酒，烟就没带了，少抽点烟，酒可以喝点。'汪先生听后侧过脸来，对我又似乎对别的什么说：'还有几年活的！这也不行，那也不行的……'那天汪先生留了我们吃晚饭。……汪先生喝了几大盅白酒。他喝酒总是很猛，很少吃菜。"（苏北《忆汪十记》，载《忆·读汪曾祺》，安徽文艺出版社2012年版）

"版纳归来，汪老住锦华酒店，朋友、媒体记者、官员、作家，还有不少汪迷，像赶街一样出入汪老房间，我们又一次担心，汪老的身体能否承受。汪老自己也几次感叹，'毕竟老了，一会就累了！'"（道不平《汪曾祺与我一笑而别》）

1997年4月24日，作家常跃强去拜望汪先生，几年不见，常跃强觉得他"明显老了，走路时脚步有些擦地"。汪先生说他明天要去成都开会，九点的飞机，是开一个展望二十一世纪文学的会。

汪先生对常跃强说"那时候不知道还有没有我哩"。（常跃强《汪曾祺赠我碧桃花》）

　　这里还需特别指出，致使汪老舍命嗜饮、心情恶劣、健康恶化，还有一个深层次的缘由，那就是关于《沙家浜》的署名权问题。毋庸讳言，关于《沙家浜》署名的事，对汪老的打击具有致命的摧毁力。

　　"曾祺做梦也梦不到摊上官司"，"总觉着名利上头，一生淡泊，临老却泼上脏水，把件汗衫脱也脱不下来，贴在身上好比裱褙。竟连续几天睡不着觉，下半夜两三点钟还睁着眼，只好吃药。这时候是不是喝点酒了呢？没有细问。不过他的女儿说吃饭时候只喝一杯两杯，可是家里的酒瓶好像漏了"。（林斤澜《纪终年》）有关具体情况文坛上不少人都知道一二，有的知情人还写了文章，陆建华先生所著的《汪曾祺与〈沙家浜〉》具体说了过程与前因后果，所述较为详当，此书由山东人民出版社在2014年出版，很受读者欢迎。此处我就不赘述了。

　　汪曾祺去世后，有的人在文章中说他是因酒而早逝，甚至还有的说，就是在四川五粮液喝多了才死的。其实，充其量这不过是其中原因之一。如果在四川不喝酒会怎样呢？这哪里说得清楚，道个明白。汪老的挚友邓友梅直言："从感情上说，我倒觉得他临离开这个世界前，兴致极好地喝两杯未必是坏事。若在告别人生之前，连回味一下酒趣也没办到，反倒大小是个遗憾。"（《再说汪曾祺》）

　　亦有"酒仙"之称的陆文夫借悼念汪曾祺的文章，为酒，为酒仙，也为汪曾祺和他自己慷慨陈词。他说："如果不喝假酒，不喝劣酒,不酗酒,那么,酒和死就没有太多的联系,相反,酒和生,和生活的丰富多彩倒是不可分割的。纵观上下五千年,那酒造成了多少历史的转折,造成了多少千秋佳话,壮怀激烈!文学岂能无酒?如果把《唐诗三百首》拿来,见'酒'就删,试问还有几首是可以存在的。《红楼梦》中如果不写各式各样的酒宴,那书就没法读下去。李白是个伟大的诗人,可是他的诗名还不如他的酒名。尊他为诗圣的人,不如尊他为酒仙的人多。早年间乡村酒店门前都有'太白遗风'几个字,有的是写在墙上,有的是挑起幌子,尽管那开酒店的老板并不识字。李白有自知之明,他生前就已经知道了这一点,但他并不恼怒,不认为这是对他文学成就的否定,反而有点洋洋得意,还在诗中写道:'古来圣贤皆寂寞,惟有饮者留其名。'"陆文夫这篇文章的题目就叫"做鬼亦陶然",仅就其题目,就可见他对喝酒的态度,对汪曾祺好饮的欣赏与赞同了。

第十三章　文章为命酒为魂

老舍先生曾有诗云："偶得新诗书细字，每赊村酒润闲愁。半老无官诚快事，文章为命酒为魂。"（《村居》）他把文章与酒是紧紧地联系在一起的。张乐平的儿子也说过，"父亲的朋友都说，乐平离不开两样东西：笔、酒"。（张慰军《为戒酒干杯》）至于傅抱石在人民大会堂作《江山如此多娇》时，周恩来派人送酒给他的佳话，那更是文艺圈子的人熟知的故事了。

汪曾祺喝酒对书画创作有作用，那么，对他的文学创作有用吗？一些了解他、熟悉他的朋友认为是有用的，他自己也偶尔流露过一点意思。

林斤澜就"以为汪曾祺有点仙气，喝起酒来便悠然飘动，神光四射，有奇思涌来，洋洋兮如江潮。其小说散文，如进入佳境，亦别有天地，神灵之舞与轻风之慰徐徐而来，真真是醉倒众人"。（见孙郁《革命时代的士大夫：汪曾祺闲录》，生活·读书·新知三联书店 2014 年版）

刘心武在《醉眼不朦胧》中写道:"平常时候,特别是没喝酒时,汪老像是一片打蔫的秋叶,两眼昏花,跟大家坐在一起,心不在焉。你向他喊话,或是答非所问,或是置若罔闻,可是只要喝完一场好酒,他就把一腔精神提了起来,思路清晰,反应敏捷,寥寥数语,即可满席生风,其知识之渊博之偏门之琐细,其话语之机智之放诞之怪趣,真真令人绝倒……""据说,汪老写他那些小说,都是在酒后,双眼不仅不朦胧,而且还熠熠生光,一挥而就。"(见刘心武《刘心武说寻美感悟》,中国青年出版社2007年版)

张守仁写过一篇回忆汪老的文章《汪曾祺的日常生活》,此文一开头就是说汪老喝酒,小标题则是"嗜酒"。他说:"酒是他灵感的催化剂。正如《红楼梦》第四十九回里史湘云所说:'吃了酒才有诗。'每次喝酒之后,汪老逸兴迸飞,诗文溢彩,书画传神,故陆文夫、高洪波、凌力等均称他为'酒仙'。"

朱霄平引彭荆风的话说:"夜读汪曾祺小说《鉴赏家》,看到季匋民一边饮酒、一边画画一段,遂记起日有探望彭荆风老人时,彭老说过的汪曾祺在他家画画的事。彭老说汪作画时,喜置酒一碗于旁,一边画画一边喝酒。原来汪曾祺把自己的习性移植到小说人物季匋民的身上去了。"(朱霄华《有性情者必近酒》)

作家、影视制片人老娄回忆说:1993年,汪先生在北京远望楼宾馆住了小半个月,为的是和秦培春、老娄一起商量改编《受戒》《大淖纪事》和《徙》为影视剧《水城》的事。他说,汪先生"仍然是每饭必酒",但老娄他们不让他多喝,"每喝都是意思意思","但有一回还是破了例"。"那天吃完晚饭往宾馆溜达……快到了,老头儿突然问我,能不能弄点酒来?我说晚饭不是刚喝过吗?他说今天晚上要加个班儿,给中央台写一小品。好像是有点酒可助文思。我说喝行,白的就算了,要喝喝点别的。他点头,不喝白的不喝白的!我们俩到北太平庄商场买了一坛'加饭',五斤装的那种。吃点什么下酒啊,我问他。'花生米就挺好!''光花生米啊,不来点儿肉什么的?''就花生米!'又买了一袋天府花生,然后送他回宾馆。临回家的时候我还一劲儿叮嘱:您可悠着点儿,不然师母那儿我没法交代!他答应得好着呐:放心,我一定悠着点儿。第二天上午我到宾馆,一进门,老头儿坐在那儿夹着烟冲我眯着眼儿笑,我直纳闷儿,问他笑什么,也不说,还笑。我看见桌上剩的小半袋天府花生和那酒坛子,有点明白了,拿起来一晃,一点响动没有。'全喝啦?'他也不接茬儿,就是笑。"(老娄《汪曾祺先生》)汪先生究竟写的是什么小品?中央台有没有播出?老娄没有说。但汪先生为了创作喝一点酒提神的事儿也是有的。

黄裳曾云,汪曾祺"最晚的力作则是《安乐居》"。(《也说汪曾祺》,苏北《一汪情深:回忆汪曾祺先生》,上海远东出版社2009年版)而这个《安乐居》,就是汪先生在小饭馆里跟人喝酒喝出来的。

2016年7月,北京开了个汪曾祺《榆树林杂记》新版首发新闻发布会。汪老的公子汪朗在会上说,汪老住在蒲黄榆时,"楼下有个小饭馆,我们家老头贪酒,经常跑到那小饭馆跟人喝酒,喝来喝去,就出这么一篇《安乐居》"。(《汪曾祺〈榆树林杂记〉出新版》)

汪先生的孙女汪卉也说:"安乐居这家馆子虽小,兔头的美味却是极出名的。兔头是下酒之物,老头儿是贪杯之人,我便是他出门偷酒喝的幌子。……虽然奶奶和我父母多番告诫,但我和表妹偏生是两个见利忘义的,得了爷爷的'封口费',回家自然缄口守秘。……可惜老头儿自己是个最瞒不住事儿的,出门的经历或早或晚都成了他散文小说的素材,若不是多日相处、观察入微,又怎能写出《安乐居》里那些入木三分、栩栩如生的酒客。"(汪卉《"名门之后"个中味》,刊《老头儿汪曾祺:我们眼中的父亲》,中国青年出版社2012年版)

何镇邦还透露了一个《安乐居》发表后的故事。"《安乐居》作于一九八六年七月五日,发表之后,我随即读到。小说只有六七千字,却把一个叫'安乐居'的小酒馆里形形色色的酒客写活了。他只通过酒客所要的酒的档次、喝酒的姿态与速度、下酒的菜肴等等,即把酒客们的身份、性格写出来了。语言更是纯净的京白,手法是彻底的白描。有一次到汪老家做客,在饭桌上提起此作,表示赞赏之意,他立即打手势让我打住,因为师母在场。后来我到他的八平方米的卧室兼书房问个究竟,他关上房门,才说出这么一番话:'还提什么《安乐居》!小说发出来后,老太太差点开全家批判会批斗我。她当着儿孙的面质问我,好一个汪曾祺!你在家里喝,在宴会上喝,还没喝够,还跑到小酒馆里喝上了?我分辩了几句,她又问我:你要是没有小酒馆里喝酒,怎么写得出《安乐居》那样的小说来?一下子把我问住了!'"……据说,老太太还派了当时住在他们家里的小孙女汪卉当了小'侦探',老爷子一回家,小孙女即跑到爷爷处表示亲热,一闻到酒味即到奶奶处告状。尽管如此,也没管住老爷子喝酒的事。"(《说

不尽的汪曾祺》）

　　1983年第2期《人民文学》发表了汪曾祺的小说《八千岁》，这个小说中有的情节和场面也与他吃酒有关。1981年10月，汪先生回故乡之际，他的妹婿赵怀义请他喝酒，陪汪老喝酒的有一位开过米店，与汪先生的父亲也很熟。就在酒桌上，汪曾祺听他这位开米店的亲戚谈了好多好多当时米行的事。赵怀义的儿子是赵京育是泰州中学的一位教师，也是在桌上陪酒的，他一边相机给他们斟酒，一边听他们叙说交谈。赵京育回忆说："当时我很纳闷，大舅怎么对这些陈年往事那么感兴趣了，后来读了《八千岁》才意识到，大舅早就为创作这篇小说作准备了。"（引自赵京育2016年11月9日给笔者的手稿）

　　汪先生有时还会拿酒来喻事。1981年，汪曾祺的《大淖记事》获得了全国优秀小说奖。当时有人认为这篇小说作品结构不完美，但崔道怡却觉得结构别出心裁。事隔多年，汪曾祺提起此事仍深有感触。他说："我自己小品能得到老崔的欣赏，我就像喝了瓶老酒似的从心里往外舒坦。"（孙晶岩《北京文坛"四大名编"的故事》）针对其时的一些文学评论，他说："现在评论大都缺乏科学性和鲜明性，淡而无味，像一瓶跑了气的啤酒。"（汪曾祺1982年3月27日给汪家明的信，李建新编《汪曾祺书信集》，上海三联书店2016年版）

　　甚至也以酒来喻声音。他说京剧艺术家张君秋的"这条嗓子"，一时无两：甜、圆、宽、润。"他的气很足。我曾在广和剧场后台就近看他吊嗓子，他唱的时候，颈部两边的肌肉都震得颤动，可见其共鸣量有多大。"汪先生赞叹道："这样的发声真如浓茶醅酒，味道醇厚。"（《马·谭·张·裘·赵——漫谈他们的演唱艺术》，《汪曾祺全集》第四卷）如果没有与酒多次亲密接触，不那么耽酒知酒，大概是难得如此妙笔生花的。

尽管酒对汪老创作来说，应是有一定的作用的，但是喝归喝，动笔时，却是滴酒不沾的。汪老曾对屠燮昌说过：他虽然嗜酒如命，尽醉为欢，但对写作却"从不敢随便，构思时，不禁酒；动笔时，滴酒不沾！"（屠燮昌《怀念汪曾祺》）

酒，似乎是他的灵魂。林斤澜说过，要是没有酒，他这二十年的好文章就未必能出得来。这兴许是一种颇为代表性的说法。（徐城北《汪曾祺的遗愿》）

不过，也有人别有卓见，比如香港作家彦火则认为，对于汪曾祺来说，"烟、酒是他的第一生命，文章、书画才是他的第二生命"。（彦火《自在神仙汪曾祺》）

还是让我们一起听听汪老本人是怎么说的吧！龙冬记叙了1996年初的一个晚上在汪老家发生的事，那天，"青年作家苏北、徐卓人和我三个在汪老家用饭。饭中喝了一些酒。那时汪老的身体显得特别不好，苏北劝说：'汪老，能写就写写，身体重要。我要是能写出您那样的书，哪怕一本也够了。'汪老开始不作声，静了一会儿，忽然非常生气，激动地拍了桌子，说：'我活着就要写！'又说：'写作是我生命的一部分。甚至全部！'苏北是好心，可我们都傻眼了。"（苏北《时光与心灵》，合肥工业大学出版社2016年版）

当然，喝酒对作家创作、书画家写字画画有何意义或作用，并不具有普遍意义或绝对规律。当代诗人洛夫曾说："诗人好酒，我想不外乎两个原因：其一，酒可以渲染气氛，调剂情绪，有助于谈兴，故浪漫倜傥的诗人无不喜欢这个调调儿；其二，酒可以刺激脑神经，产生灵感，唤起联想。例如二十来岁即位到初唐四杰之冠的王勃，据说他在写《滕王阁》七言古诗和《滕王阁序》时，先磨墨数升，继而酣饮，然后拉起被子覆面而睡，醒来后抓起笔一挥而就，一字不易。李白当年奉诏为玄宗写《清平调》时，也是在烂醉之下被水泼醒后完成的。当然，这种情况也因人而异，李白可以斗酒诗百篇，换到王维或孟浩然，未必就能在醉后还有这么高的创作效率。能善饮而又写得一手好诗的，恐怕千古唯青莲居士一人。钟鼓馔玉不足贵，但愿长醉不复醒。古来圣贤皆寂寞，唯有饮者留其名。字字都含酒香。"（《诗人与酒》）

据说，1978年美国《作家文摘》曾向美国的知名作家征询饮酒与写作关系的意见，结果收到40多人答复。其中只有少数人认为酒量可以增进文思，多数则认为无助灵感！但对于汪曾祺来说，可真的是"文章为命酒为魂"啊。

第十四章　唯有饮者留其名

从古到今，好酒之人的称谓名目繁多，也很有趣，不妨拈来下酒，为之浮一大白。高建新之《酒入诗肠句不寒——古代文人生活与酒》（内蒙古大学出版社2007年版）中罗列其名曰：

"好酒之人为'酒人''酒民'，酒量很大者为'酒豪''醉豪'；谓豪饮之人为'酒圣''酒龙''酒神'，而酒仙则是对酷爱饮酒者的美称，谓贪酒、嗜酒之人为'酒客''酒徒''酒魔头'，谓纵酒使气者为'酒狂'，贪酒无度者为'酒鬼'，酒后神去不清发狂者为'酒疯子'，谓嗜酒而放荡不羁的人为'高阳酒徒'……谓不得志而寄情于酒者为'酒隐'，谓只会吃喝不能做事者为'酒囊饭袋'……"其实，社会上还有一些称谓未曾列入，如酒虫、酒痞、酒杰、酒霸……在这些称谓中，有的是戏言，有的是雅号，有的是诨名，有的是敬称，有的是自谦，有的是谑语……在这些名目繁多的称谓中，"酒仙"无疑是一个令人神往、令人陶醉的称号，也是一个难得的美誉。

正如张北海先生所说:"你可自贬为酒鬼,但任何人都无法自封为酒仙。酒仙是修来的。"(张北海《酒戒》,载《解忧集》,中外文化出版公司1998年版)

因为被誉为"酒仙"者,决非凡辈,徒有饮酒之量、酒醉之狂是不够格的,所谓"饭囊酒瓮奚足云"(其句摘自宋王禹偁《酬安秘丞歌诗集》),即谓其类人也。试看杜甫《饮中八仙歌》中之人——贺知章、李王进、李适之、崔宗之、苏晋、李白、张旭、焦遂,除善饮好酒外,哪一个不是才华横溢,倜傥风流?

蒋泥先生剖析得很对:"汪曾祺是有类似的'名士'情结。所谓痛饮酒和熟读《离骚》,并非并列关系,而是递进关系,痛饮酒为的是熟读《离骚》,否则终成酒囊饭袋。"(蒋泥"花香水影汪曾祺——纪念汪曾祺先生逝去十五周年"座谈会发言)

汪曾祺之所以被文坛誉为酒仙,一是当然与他的作品相关,二是自然与他的酒品有关。关于他的作品,世已有公评定论,且大有提格升温之趋势,且不赘述。笔者重点说一说汪公的酒品。

汪先生喝酒有一个非常鲜明的特点:随和。对酒随和,对菜随和,对人随和。

汪先生说:"至于吃食,我并不主张'一箪食一瓢饮',但是我不喜欢豪华宴会,吃一碗烩鲍鱼、黄焖鱼翅,我觉得不如来一盘爆肚,喝二两汾酒。"(《祈难老》,《汪曾祺全集》第五卷)汪老喝酒真是不讲究下酒菜的(并不是说不讲究下酒菜的味道,但这是另一回事)。

高邮有一种用毛豆做菜的方法,汪先生一直牢记在心。他说,"我父亲会做一种毛豆:毛豆剥出粒,与小青椒(不切)同煮,加酱油、糖，候豆熟收汤，摊在筛子里晾至半干，豆皮起皱，收入小坛。下酒甚妙，做一次可以吃几天。"（《食豆饮水斋闲笔》，《汪曾祺全集》第五卷）

"蚕豆老了，就连皮煮熟，加点盐，可以下酒，也可以白嘴吃。"（《食豆饮水斋闲笔》，《汪曾祺全集》第五卷）

"北京的小酒铺过去卖煮栗子。栗子用刀切破小口，加水，入花椒大料煮透，是极好的下酒物。"汪曾祺不无遗憾地说："现在不见有卖的了。"（《栗子》，《汪曾祺全集》第六卷）

在下酒菜中，汪老最为钟情的大概是醉蟹和醉虾了。高邮人应该说是有吃醉蟹醉虾的传统的。清人夏廷荚于《醉虾》一诗中即云："盐梅调剂好，真足引香瓯。"有一年金家渝带了一些醉虾去北京，汪曾祺舍不得一下吃光，每次只弄十来只搭酒。汪曾祺问金家渝什么东西下酒最好？金家渝还未搭腔，汪指着醉虾说——就是这个！汪曾祺品着醉虾，问金家渝，你跟谁学的？金答：跟岳父大人学的。汪曾祺笑了："好嘛，这是汪家的味道。好东西哦。在北京吃不到，没有材料。"

直到1997年，他77岁那年，他还对人说："到现在我没有什么忌口的，什么都吃，鲜萝卜就可以喝四两酒。"（崔普权《也馋》，人民日报出版社2015年版）

1997年5月15日下午，林斤澜和北京市作协书记赵金九及段燕勤同志一起到医院看望汪老。临别前，赵金九对汪先生说："汪老，您康复后，我请你和老林到夕照寺吃狗肉宴。"（段燕勤《病中的汪曾祺》）狗肉乃汪老喜啖之物，常常以其下酒，所谓吃狗肉宴者，乃约小酌一番耳。

甚至没有白酒，没有下酒菜，有时候喝一杯啤酒，汪先生也十分满足。

有一次，他和女儿汪明去看《被缚的普罗米修斯》，是希腊的一个古典剧团演出的。因为听不懂台词，看了一会便索然无味了。汪明回忆说，"……不大工夫，爸捅捅我：'撤？'他拉着我，猫着腰，溜出了剧场。在一间酒馆里，我们喝着啤酒。爸眯着眼，说：'离开那个沉闷的剧情，喝一杯冰凉的啤酒，真是至高享受！'"（见汪明《往事杂忆》，《老头儿汪曾祺：我们眼中的父亲》，中国人民大学出版社 2000 年版）

汪先生还认为"家常酒菜，一要有点新意，二要省钱，三要省事。偶有客来，酒渴思饮。主人卷袖下厨，一面切葱姜，调佐料，一面仍可陪客人聊天，显得从容不迫，若无其事，方有意思，如果主人手忙脚乱，客人坐立不安，这酒还喝个什么劲！"（《家常酒菜》，《汪曾祺全集》第四卷）

佛手酒、木瓜酒，汪先生也喝过。这是他在《淡淡秋光》一文中读花木时提到的，他说："佛手、木瓜皆可泡酒。佛手酒微有黄色，木瓜酒都是红色的。"一般没有喝过的酒，汪先生几乎是不提的，或提到了也是要声明是没有尝过的。

汪先生主张品酒，不喜欢那种狂饮胡喝。一次，他对妹婿金家渝说："有的官员碰杯，一大杯白酒一口头就干了，真不懂品酒，真不愿意与他们一起喝。"

汪老的酒德、酒品、酒风极好，从不弄虚作假，从不霸王式敬酒，从不以喝酒凌人，定欲置之醉地而后快。汪老喝酒同抽烟一样，从不讲究，国酒、洋酒、黄酒、白酒、名牌、杂牌他都喝

得雅兴浓浓。（崔普权《汪曾祺：文坛上的美食家》，刊《也馋》，人民日报出版社2015年版）

"那次我突然登门，先生为我做菜，握一把刀，平放着轻轻将翠绿的黄瓜拍碎，跺成方块，撒上蒜末；鲜红的番茄，切成片状，洒上白糖；粉红的通脊，切成薄片，瓦楞似的排在盘中；用盐水去了皮的花生米和着彤红的辣椒末；骰子状肉粒，沸油中炒一个宫保肉丁……先生'单凭他持盏的三个指头'，把酒喝得美极。"（徐卓人《汪曾祺大写意》）这个美极，就是把酒喝出诗意来，把酒喝出情趣来。

有一次谭湘去采访汪老，他刚从海南参加"蓝星笔会"回来，他对谭湘坦言："我对物质生活要求不高，豪华宴会吃完回家我再吃我的挂面、爆肚，喝白干，归纳起来讲，叫作'无动于衷'，对商品经济大潮无动于衷。"（谭湘《汪曾祺——中国最后一个士大夫》）

汪先生的酒友中有不少的平民百姓。"我在图片社上班。放大车间有个老师傅姓王。……有一次别人告诉他我父亲是谁。王师傅说：'汪曾祺？我熟啊！我们认识有几十年了。你回去问问去！'我挺奇怪，回家跟爸一说，爸和一旁的汪明同时叫道：'哈，老王！'原来他是爸30多年前在定武门一带小酒馆喝酒的酒友。汪明小时候老到酒馆去找爸，所以也认识。"（汪朝《我们的爸》，载《我们的老头汪曾祺》，时代国际出版有限公司2010年版）

"汪老是个布衣作家，有很强的平民意识，他从不以名作家、老作家自居。对家人、友人如此，对保姆也是如此。去年年底（笔者按，去年为1995年），由于师母病了，家中无人照顾，家中找了个安徽农村的小保姆,叫小陈。对这个二十出头称他为'爷爷'的小保姆,汪老也平等相待,尊重她。不仅教她如何做菜,如何做家务,在吃饭的时候,还为她斟酒。我有几次在汪家吃饭,和老头一起喝点葡萄酒,他总不忘不了也给小陈斟上一杯白酒,他总是说,小陈能喝点白酒,并劝她也同我们一起喝一点。"(何镇邦《说不尽的汪曾祺》,载《你好汪曾祺》,山东画报出版社2007年版)

有一天,高邮的萧维琪、吴炳南去汪府拜望他。汪老留他便饭。午餐酒后,汪公执意要送萧维琪、吴炳南上公交车站。上了车到车站,又坚持要把他们二人送到公交与转车处。在公交车上,没有人给汪老让座,倒是在汪老后上车的一位老人,有年轻人给让座了。萧维琪看着酒后脸色红红的汪老说:汪老,你还年轻哎。汪老哈哈大笑,脸色更红了。一股酒气喷了好远。凡在汪府吃过饭,喝过酒的人都知道,一般情况下,汪老(或汪师母)都是坚持要送客人出门,甚至送出一段路的——除非是汪老喝多了,或有急事要处理。

石湾亦云:"他一生最大的嗜好,是喝酒和抽烟。几乎每晚加班写作,他都是要喝点酒的。他的酒友,大都出身于梨园世家,今儿张三,明儿李四,隔三岔五轮换交替,他们很有得聊,真可谓云山雾海,醉天酣地,酒兴无穷。"(石湾《送别汪夫子》《你好汪曾祺》,山东画报出版社2007年版)

"神仙岁月,免不了肉山酒海。别人敬烟敬酒,汪向来是来者不拒。然而即使颜面已如锅底,但精神上依然无比清雅,从不自我迷醉。有一天去旅顺口,中午被安排在那里吃饭,当地不少名流出席作陪。大连的主人这样介绍：'这是北京的汪曾祺先生，著名作家……'大连主人有口音，'汪'被念成了'黄'，于是陪客们连称'久仰'，一时之间，'黄老长''黄老短'地弥漫开来……汪不恼不怒，连些许尴尬也没有，依旧不紧不慢地和周围的人聊天。渐渐地，是他的性格和学识征服了同桌的新朋友，最后有人竟然拍着他的肩膀和他共饮。"（徐城北《汪曾祺印象》）

汪先生在舒婷家喝过一次别样的酒，那是徐卓人《酒逢知己，斯文的醉》一文中说的。林斤澜告诉徐卓人，一次在鼓浪屿开会，舒婷邀汪曾祺和林斤澜两个到她家喝酒。酒的品种不少，牌子也不错，但没一个瓶是原封的。接待客人，开了瓶，客人走了，剩下的酒重新盖起来，存在那儿，她不喝，她家里也没一个喝酒的，这酒一存也不知存了多久，哪里还有原来的味儿？"有股耗子尿的味儿。"徐卓人问："那你哥俩还喝吗？"林斤澜先生眼一愣："喝，不喝又怎么办？"那耗子尿味儿的酒怎么喝？怎么喝得下去？但是，汪先生、林先生两位酒仙，文坛双璧还就是喝了。这是什么精神？这是什么品德？

在与龙冬先生的通话中，他还告诉了我两个细节。一是在汪先生家里多次喝酒，几乎没有看到过他拿出一整套的酒具出来过，连酒杯也是大大小小、高高低低的，更不要说有什么高档、奢华成套的酒具了。二是汪老与他们一起喝酒，在碰杯中聊人生、聊文学、聊世相，海阔天空，中外古今，但在酒桌上，汪老对他们是"三不"：从不开导，从不教训，从不讲课。

年轻作家潘军与汪老是在1993年2月海南"蓝星笔会"上相识的。在笔会上，潘军与汪先生合作了一幅小品，潘军即兴画了一条牛，汪老拿起笔补了景，还了八个字"潘军画牛，曾祺补雨"。（潘军《明澈见底的河流》）潘军赞叹地说，汪先生"他不摆谱，他微笑着，和你喝酒，谈从前的一些开心事，给你快乐"。（同上）

书画家梅墨生是在1994年"文学与书法"座谈会上与汪老认识的。当时，梅墨生是《中国书法》杂志的编辑，尽管是刚认识，且年龄又相差较大，但汪老与梅墨生却是一见如故。梅墨生回忆说："就餐时，我本已坐在别桌，可汪老硬是把我叫过去，坐在他的旁边。他善饮，我也好饮，来的作家中只有他和林斤澜最有酒量，至少喝了有五六两以上。汪老甚至让我陪他喝，我也只好从命，他边喝边谈，很尽兴。"（梅墨生《淳厚古雅一名士——忆汪曾祺先生》）

综观汪先生喝酒，或独酌，或聚饮；或细品，或狂泻；或解忧，或助兴；或小菜，或豪宴；或矜持，或失态……与人与己随和随便，亦雅亦俗，率性随缘，别具仁者之风，使人感到温暖、温馨，使人感到可敬、可爱。

汪老去世后，许多文朋诗友写了怀念文章或追悼诗词。在这些文章和诗词中，几乎有一半左右的人都写到了酒与汪先生，甚至还有以酒为题的。而在汪先生子女的谈话中及回忆文章中，不少地方也说到了汪先生与酒，其中汪明执笔的《"泡"在酒里的老头儿》，惟妙惟肖地描绘了汪先生一些酒事的情景，给众多汪迷和广大读者留下了不可磨灭的印象。

韩蔼丽在1982年夏天与汪曾祺在一个笔会上第一次见面，她对汪曾祺的印象是："不起眼的半老头子……很少言语"。"再一个印象是爱喝酒，不是喝酒，是馋酒，每顿饭都喝。"（《斯是陋室》）

作家、记者、燕治国去汪老家采访，一眼看到的就是一瓶酒。"我们在客厅叙谈，厅里有孙儿书桌一张。书桌旁边，赫然一瓶五粮液。酒已让汪老喝光，孙儿正在学画，或许瓷瓶正好作了静物。"（燕治国《蒲黄榆畔藏文仙——访汪曾祺》，《渐行渐远的文坛老人：20世纪末独家专访》，山西人民出版社2006版）

"置身汪老京城寓所，环顾室内，除了墙壁上悬挂着创作的国画外，令人瞩目的是书和酒。不仅几个硕大的书橱里置满了古今中外的文史作品，连过道地面上都整齐堆放足有半人高的书籍，可谓坐拥书城了。与书相邻的便是地面上数十个挨在一起高高低低、形态各异的酒瓶。既有上档次的五粮液和汾酒，也有北京地产的二锅头。"这是彦民对"汪府"的印象，文见《汪曾祺先生二三事》。

赵大年先生说：汪曾祺"以美文、美图、美酒、美食慰藉人生。爱人者人恒爱之，这也是缘分吧"。（赵大年《汪曾祺的魅力》）汪先生的美酒不仅慰藉了自己，也慰藉了他人。他的酒事不仅是文坛上的一段佳话，也是他"人间送小温"的永恒惠泽。

画家、作家谢春彦曾创作过一幅《作家汪曾祺漫像》，画中的汪先生骑坐在酒葫芦上，左手捧着一卷纸，肩上扛着一支笔，笔尖上溅着墨水，笔杆上挂着几本书，汪先生用右手扶着笔。酒葫芦漂流在波浪般的稿纸上。画的副标题是——"神仙作家"好酒，酒醉己，文醉人。画上还书有短跋，跋云："友戏谓汪曾祺'神仙作家'，而此公好酒，酒醉己，文醉人。遂以斯图状之。春彦画，立民题。"

与汪先生在一起喝酒，是一个享受的过程。不少人的文章中都说，吃酒时汪先生便妙语如珠，听了长知识、开眼界、受启发、获教益。范用则云："三杯酒下肚，听汪仙人神聊，东一句，西一句，不醉也醉矣。"

彭匈说："汪曾祺是出了名的美食家，本人有幸与汪先生同饮过若干次，各地菜肴他只要一品，便能道出个子丑寅卯来。"（《会心一笑》，广西人民出版社2005年版）

江苏作家周桐淦在《大说泰州干丝》中写道：上世纪80年代末，汪老偕好友林斤澜等来到南京，席间，汪老加点了一盘南京烤鸭，林斤澜调侃："在北京没吃够？到南京还要烤鸭！"汪老答道："林君有所不知，南京烤鸭带卤，有汁无汁，口感不同。"汪老说，北京烤鸭是从南京传过去的，南京烤鸭是民间佳肴，明代迁都修陵的工匠带去了北京。北方本就少水，修陵工地更是因陋就简省去了制卤的工序，但工地上枣木烤鸭的美味，无意中勾起了明太祖的"乡愁"，于是，紫禁城墙外有了全聚德，少了卤汁的南京烤鸭变成了享誉中外的北京烤鸭。

正如屠燮昌所言，文坛上汪老嗜烟酒的知名度，或许并不亚于其作品之于读者。"凡涉及酒的话题，他又都能说出些有地方特色的酒的酿制方法或者有关趣事。比如他对云南的杨林肥酒赞扬备至，说它'醇香回甜却又并非果酒可比'，还说它是用'猪板油'封盖酒坛多年后形成。他问我是否如此。我也只听说过传说，不能给他确证。他对盈江的米酒很感兴趣，说它是'甜酒中最醇的一种，有古风'，还在当地多方打听其是否有特殊的酿制方法，未果。"（屠燮昌《汪曾祺琐谈》）

那一年，汪先生到湖南娄底。在欢迎宴会上，他谈兴特浓，酒量特大，而且酒风、酒德特好。一桌人反复轮流轰炸，他居然一一笑纳，杯空到底。我粗粗估计，两斤茅台已下肚了。奇怪的是，酒后还立即接受了我两个多小时采访，不但没有半句酒话，而且机锋迭出，妙趣横生。（谢石《汪曾祺的酒量及其他》）

汪先生去世后，他的子女在他的灵堂前摆放了一壶酒、一包烟。

一些熟知他的老朋友，作家、学生，也没有忘记给这位已在天堂的酒仙，奉上一瓣心香——酒！

杨毓珉在四言长诗中云"浊酒一樽，奠亦英灵"（杨毓珉《往事如烟——怀念故友汪曾祺》）

王蒙于1998年写诗云：

汪老老而俏，诗文书画娴。
沙家浜戏雅，陈小手活鲜。
五味夸扬菜，醇醪赞牡丹。
逍遥跨鹤去，何日采菊还？

诗题曰"悼汪曾祺"，诗后有跋，跋文云：汪曾祺多才多艺。他的心一直很年轻，他是真正的美食家，江苏高邮人氏，故诗中提到淮扬菜系。一九九一年我们同游牡丹江市，他很喜欢那里生产的响水稻米酒。

赵本夫说："最后一次见到汪曾祺先生，是去年的全国作代会上，那时就感到他的身体不太妙，似乎精气神全散了。"在悼念汪先生的文字末尾，赵本夫是以这句话作结的——"汪老去那个世界了，冥路漫漫，不知他老人家是否带了一壶酒去。"（《汪

先生——人生旅途》）

2012年，老娄写了一篇《汪曾祺先生》，文章末尾："老头儿，你在上面过得好吗？还写小说吗？喝酒悠着点儿！"（见2012年北京老娄新浪博客《汪曾祺先生》）

得知汪先生去世的消息，远在台湾的蒋勋拿出汪曾祺送他的《墨蝶图》，一人自斟自饮，遥奠曾经对门而居、对酌尽兴的故人。

2016年5月12日，汪先生去世十九周年临近之际，王干特意带了几个鲁迅文学院的学生去北京西山福田公墓祭奠汪先生。王干准备了汪先生生前喜欢的酒、烟和茶叶，学生们带去了鲜花。（王干《读着汪曾祺老去》，《夜读汪曾祺》，广陵书社2016年版）

藏族年轻女作家央珍感叹地说，"记得每次从先生家告辞，走在灯火阑珊的大街上，我们的心情好极了，仿佛刚从一处圣洁的地方朝拜回来，精神和心灵得到了净化，心胸因此感觉到博大和充实。这样的日子不会再有了。"（央珍《来自一个西藏人的纪念》）

林斤澜曾感慨地说过："我一想起汪曾祺就出现许多美好的回忆，回想起我们几个老酒友共饮时的情景，那真是妙不可言。"其实，在汪老家喝过酒的人，与汪老在一起共饮的人，差不多都有这样的美好的、温馨的感觉。

附录：杂家金实秋

王　干

实秋并不是文坛上的知名人物，他写的文章没有获过什么奖，也没有产生过大的轰动效应。他像农夫一样，一直在默默地耕耘，一本书一本书地写，到我写这篇文章的时候，一数，居然九本了，差不多一年一本。著述之丰，已令人惊奇；著述之杂，更令人叫绝。

实秋涉猎的领域之广，在我认识的朋友之中恐怕是绝无仅有的。他写过当代文学评论，早在七十年代末期八十年代初期就连续发表了一系列痛斥"左"的文艺观念和倾向的文章，他自己称是"马前卒"。八十年代中期，获奖作品往往被评论"拔高"和"夸大"，金实秋撰文对《乡场上》的评论予以"争鸣"，对小说艺术上的简单化倾向提出了自己的看法。不知何士光先生是否看到这篇批评性的文字，但他以后小说创作的艺术性和思想的丰富性都超过了《乡场上》。可见，批评性的评论并不可怕，倘若当时的何士光要与金实秋较劲诉诸法律,哪会有《种苞谷的老人》这样的力作?

到了九十年代以后,金实秋不搞当代文学研究,转到了古代方面。他跟我们开玩笑说,当代文学让你们去搞吧。对他的古典文学功底,我一直是敬佩的。但他的功底有时也未免太深了,以至于找出了钱钟书《谈艺录》当中的笔误。文章到了编辑部,据说征求了钱先生的意见发表了,看来钱先生对这个错还是认的。金实秋对《红楼梦》的研究,也颇有成果,他关于黛玉、袭人、晴雯、宝琴等人的论述,在红学界引起较大反映。这些"红学"方面的文章被《光明日报》、"中国人大复印报刊资料"多次转载,颇受好评。

秦少游作为婉约派的代表人物,历代论及的人很多,但始终没有完整的资料。金实秋历时多年,苦心搜罗,于1988年编辑出版了《秦观研究资料》,填补了古典文学研究的一项空白。词学专家吴调公先生评价说:"《秦观研究资料》属于优质书籍。凡内容搜集之详备(包括对过去鲜为人知的材料的苦心搜罗),门类区分之妥帖,资料去取之确当,原文摘抄之恰到好处……无不显示编者的深湛、学风的严谨、工作态度的认真细致。"对吴先生的高度评价,实秋是有些得意的,而我们看到之后,是有些羡慕的。

不久又在《读书》上看到汪曾祺先生为金实秋《古今戏曲楹联荟萃》所作的序言,并提出"戏联有两方面价值,一是民俗方面的,一是文学方面的"。汪先生果然是大家眼光,实秋编的这本戏联我曾看过,只觉有趣,并未想到有那么多的价值,而汪老这一说,豁然开朗,楹联当中的文化还不少哩。

或许受了汪老的鼓励，金实秋就在楹联研究方面越扎越深，他出的楹联方面的几本书都是全国的第一本，是真正的"独创"。特别是《佛教名胜楹联》，浩瀚一百万字，辑录了全国著名佛寺（含港、澳、台）以及海外十几个国家梵宇的对联，蔚为大观，被人誉为可与北魏《洛阳伽蓝记》一比。赵朴初、陈立夫为此书题署了书名。赵朴老还将此书作为礼品惠赠，扬州市市长去拜访赵朴老就获赠一本。这也使实秋颇为得意。

平常我们称金实秋为"金教授"，他的学者式的儒雅和严谨也像个"教授"。可金实秋长期在机关工作，还担任一定的领导职务，是个"官僚"，但学问如此杂，我们只能说他是个怪才，是个杂家。近来听说又研究起郑板桥来，他认为佛教禅宗对郑板桥有相当的影响，居然从浩如烟海的史料中找到了与郑板桥有交往的几十位和尚的资料，令人叹为观止。

多年以前，我和实秋同在高邮工作，两家住得非常近，可以说是邻居。小县城里人不多，搞文学评论研究的更不多，所以经常串门，老是侃个没完，或就茶，或就酒。那情形至今想来，仍然难忘。之后他调往南京，到文化厅工作；我亦"转战"北京，再迁南京。现在见面少了，走动也不勤了，经常收到他的赠书，知他的杂家本性未变。近日又闻他到南京博物院当副院长，不免为他高兴，虽仍是"官僚"，但与他杂家的本质更近了，博物者必杂家也。

实秋家的藏书不少，记得多年以前我曾将一个《红楼梦》的版本（不全）送给他，我当时的心情就像赠给图书馆一样，知道在他那里会发挥作用。他家里的书橱堆得满满的，除了外文书没有外，其他类别的都有。他读得很杂，很乱，连《斯大林全集》他也读过。西方美学著作他看得津津有味，麻衣神相他也不放过，还有菜谱、医书、武术之类的"旁门左道"，他都懂一点。这又是金实秋容易得意的地方。

离开高邮10年了，我一直想找一个人来作为高邮人的"代表"，始终没有找到。这一次，不期而遇，实秋身上的那股敦厚、执著、韧性劲儿或许是高邮人的特点所在。

（原载1999年6月17日《文论报》）

后　记

　　现当代作家中，被称为"酒仙"的不少，有关他们善饮贪杯的故事也很多。每当我读到这些描写他们潇洒放达、倜傥风流的文章，都不禁为之神往，为之开怀，为之陶醉。我想，倘若有人为"酒仙"们的"酒事""酒史"梳理立传，那将是一本十分有趣的书。惜至今我还尚未看到过一本这样的书。

　　在这些酒仙中，像汪曾祺那样的知名度，大概算是饮者之最了；许多的回忆文章中，人们把汪老与酒紧密地联系在一起，大概也是文坛中独一无二的了。这些文章，有的出自汪老的子女和亲戚，也有的出自汪老的同学、同事、老朋友、忘年交，还有的出自仅仅与汪老有过一面之缘的编辑、记者、业余作者……昌然作者不同、角度不同、感受不同，但有一个是绝对相同的——他们都写了一个真实"泡在酒里的老头儿"汪曾祺。

　　汪先生在《文游台》一文中，曾引用了《说郛》（明·陶宗仪）卷八十二里的一则关于秦少游的资料：

"秦观南迁，行次郴州遇雨。有老仆滕贵者，久在少游家，随以南行，管押行李在后，泥泞不能进，少游留道傍人家以俟，久之方盘跚策杖而至，视少游叹曰：'学士，学士！他们取了富贵，做了好官，不枉了恁地，自家做甚来陪奉他们！波波地打闲官，方落得甚声名！'怒而不饭。少游再三勉之，曰：'没奈何。'其人怒犹未已，曰：'可知是没奈何！'少游后见邓博文言之，大笑，且谓邓曰：'到京见诸公，不可不举似以发大笑也。'"

汪公云："我以为这是秦少游传记资料中写得最生动的一则，而且是可靠的。这样如闻其声的口语化的对白是伪造不来的。……老仆、少游，都跃然纸上。我很希望中国的传记文学、历史题材的小说戏曲都能写成这样。"（《汪曾祺全集》第六卷）

本书所引载诸家之述作，我以为是可靠的，不少也算得上是生动的，汪老的形象"跃然纸上"。其中，有的文章，不仅好看、耐读，而且还值得回味、引人遐思。

一次酒后，汪先生云，他写的就是要和别人的不一样。如拙编这种方式写人的，似乎还未见过。这也算是和别人的不一样吧。我以为，这种方式可以使人有真实感、亲切感和阅读的愉悦感。未尝不可一试呢？当然，即使和别人的不一样，那也不能算是什么创新，也没有什么价值可言，目为"闲书"可也。茶余谈资，酒后消遣，睡前看两页，闷了翻几张，足矣！如果诸君有兴趣、有耐心看到底的话，那就谢谢您啦！